表象天皇制論講義

皇族・地域・メディア

茂木謙之介
MOTEGI Kennosuke

白澤社

まえがき

本書は二〇一八年八月二日から七日の間に東北大学大学院国際文化研究科で行なった夏季集中講義「〈天皇〉から考える日本学」の講義記録を、加筆修正したものです。

二〇一六年八月に明仁天皇（現上皇）による生前退位のビデオメッセージ（「象徴のお務めについての天皇陛下のおことば」）によって予告された、天皇の死を伴わない平成から令和（当該元号は二〇一九年四月の公開だったので講義時点では知り得ませんでしたが）へという改元を翌年に控えた集中講義を以下のようなコンセプトで実施しました。

「近現代の天皇とそれを取り囲むシステムとしての天皇（制）は、「日本」を考えるに際して不可避のテーマだが、同時にさまざまの力学の絡み合うことに由来する問いの困難さも内在させている。／本講義では近現代天皇（制）をめぐる表象文化史を中心的な素材とし、表象文化論・メディア史・文学研究等の学知を参照しつつ、検討する。その過程は同時に近現代日本を学際的に問う日本学の方法を考究するものともなるだろう。（後略）」

一読して明快なように、ここには二つの問題を提示しています。ひとつは、天皇（制）（この語の意味内容についても本論で論じます）を語ることの困難さであり、いまひとつは「表象文化史」とは何か、というものです。これらはともに本書のなかで論じていくものですが、まず天皇を自在に語ろうとするときに発生してしまう（ように思われている）困難さに対して、本書では「皇族」「地域」「法維持暴力」という視角から取り組みます。また本書では近現代の天皇（制）を表象の集積体として捉え、それらをいかなる文脈で思考することが可能なのか、そしていかに解釈することができるのかを問います。これらの議論の前提として近現代天皇（制）の前提的な知識にも紙幅を割きました。（各論から読みたい方は第六章からお読みください。）

前述のように本書は令和への改元以前に実施された近現代天皇（制）を問う講義内容をもととしているため、いささか議論の前後する部分や言葉足らずな部分、改元後から考えると物足りない部分があるかもしれません。また明治以前から現代までという長期間を対象としているため、本来近現代の天皇（制）を問うためには扱うべきでありながら扱いきれなかった項目も多々あります。しかし本書で述べるように、歴史叙述もまたそのテクストが生成された同時代性のなかにおいて成立するものであり、本書も二〇一八、二〇一九年のこの列島における天皇（制）表象の一端を形成する側面をもっています。その意味で本書もまた相対化され、対象化される同時代テクストとしての意味はもちうるのではないかと考えます。

本書が、改元に伴い、もはやすべてを捕捉することが不可能となってしまった感のある、これからの天皇・皇族・皇室表象を問うていくための一助になることを願って已みません。

表象天皇制論講義——皇族・地域・メディア

目次

表象天皇制論講義——皇族・地域・メディア＊目次

序章　表象の集積体としての天皇（制）――方法と視座

現在（二〇一八年）、天皇・皇室に関する出版・メディア状況はとみに充実しています。この背景としては二〇一九年五月に改元を迎え、それに前後して関心が寄せられているという予測のもと、大量の表象（表現されたもの）がメディアに生成・展開する状況があり、平成改元前後の近似した状況を想起するならば、三〇年ぶり二回目の「改元バブル」に沸いているといっていいかもしれません。後ほど詳しく述べますが、天皇（制）表象が現在すさまじい勢いで私たちの目の前で積み上げられているといえます。

多数発行されている書籍の群れのなか、本書が伝えたいことは二つあります。ひとつは天皇（制）を表象の集積体と捉えてみてはどうか、というもの。もう一つは改元に前後する現在だからこそ、天皇や皇太子のみならず皇族に注目するべき、ということです。

1　本書の問いと、問いの困難さ

一九七三年から五年ごとにＮＨＫが行なっている意識調査に、国民が天皇に対してどのような感情をいだいているかを聞く項目があります（図０－１）。これによると、初めての調査では、天皇について特に何とも感じていないと答えた人が四三パーセントで最も多くいました。次に多かったのが、尊敬の念をもっていると答えた人で三三パーセント、これに、好感をもっていると答えた人の二〇パーセントを足すと五三パーセントで、天皇に肯定的な感情をもっている人の割合は半数を越えますが、反感をもっていると答えた人も二パーセントいますから、肯定的な感情をもっているとはいえない人の割合も計四五パーセントあり、両者は拮抗していました。

その後、平成になって、一九九三年から尊敬の念をもつ人の割合が下がり、好感をもっている人の割合が増える傾向になりますが、二〇一三年の調査では、好感をもっている人が三五パーセント、尊敬の念をもっている人が三四パーセントでほぼ同じ割合、特に何とも感じていない人が二八パーセント、反感をもっている人が一パーセントとなって、約七割の人が天皇に肯定的な感情をもつに至っています。

ＮＨＫの分析によれば、二〇一三年までの一〇年間でほぼすべての世代において天皇を尊敬するという人が増えたとされています。つまり、今から四五年前とくらべて、最近一〇年間では天皇に対する感情は明らかによくなっているというのです。それも好感度というレベルではなく、尊敬と

図0-1　天皇に対する意識の変化

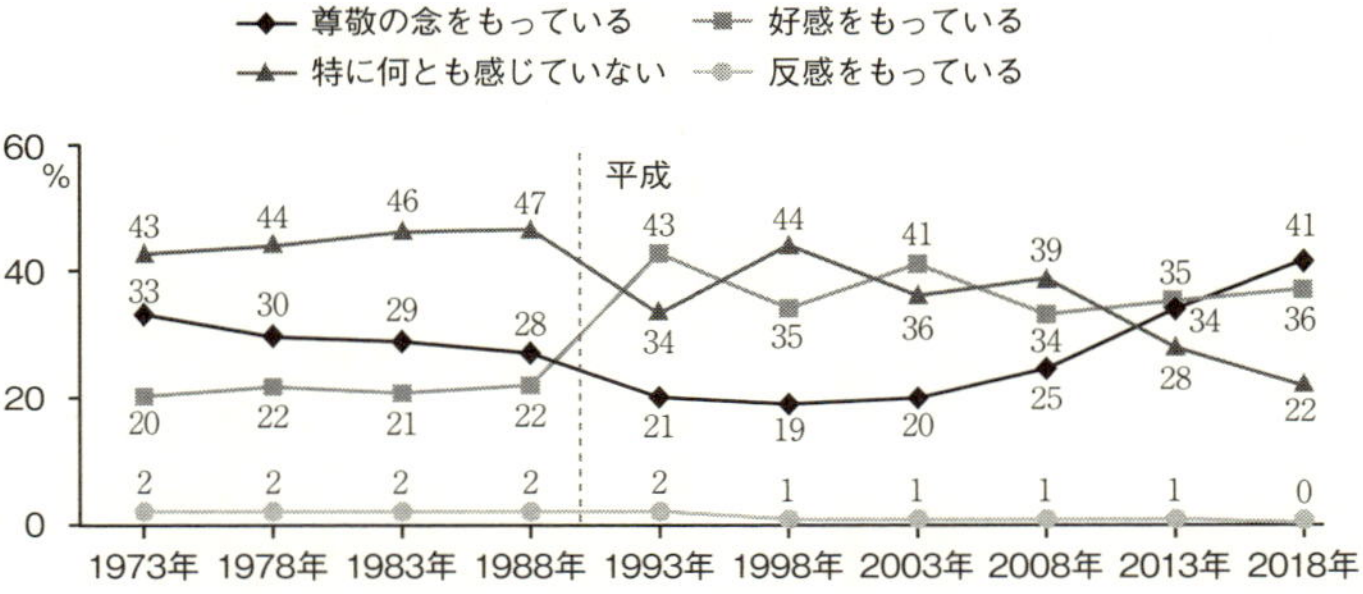

出典：NHK「第10回「日本人の意識」調査」2018年

いう言葉で表現されるレベルにシフトしてきているということが観察できるでしょう。

　そして、二〇一八年には、「尊敬」の項目がついに四一パーセントを超し、調査開始以来初めてこの項目が一位になりました。NHKによる分析では「調査のたびに、最も多い回答が入れ替わっている」と少々あいまいな表現がなされていますが、平成以降で見たとき、当初きわめて低かった「尊敬」の項目が年を追うごとに高まっていく傾向を見て取ることができるのは明らかでしょう。特に二〇一八年の調査結果は二〇一六年に平成の明仁天皇によって行なわれた「ビデオメッセージ」（本書第十章で分析します）に端を発して天皇の行動がメディアでクローズアップされたことがその背景であることは明白だと思います。また同調査で最も注目すべきなのは「反対」の意見をもつ人が調査開始以来初の〇%となったことです。もはや現在のこの列島からは天皇に対する明快な反対は統計に出るほどには存在しない状況と言って差し支えないでしょう。

このように天皇は国民の大半から肯定的な感情をもたれており、またその存在を認知されていますが、一方でその天皇を間近に見たことがある人がどれくらいいるでしょうか。私自身、天皇(制)を研究対象にしていながら、天皇を肉眼で見た経験はいまのところ一度だけです。先日(二〇一八年某日)、広尾(東京都渋谷区)近辺を歩いていたときに急に交通規制が始まったので、いったい何が起るのだろうと思っていたら目の前を天皇皇后を乗せた自動車が通りすぎていきました。一瞬のことでした。

天皇(制)を問うことの困難さ

次章からより具体的に検討しますが、天皇(制)を問うに際しては、制度的な困難・不可能性と、言論的な困難・不可能性があります(もしくは、あると思われています)。

制度的な不可能性とは、天皇に関する史資料をめぐる困難さです。気軽にインタビューしたり取材したりすることはもちろん、本人の書いた文章ですらきわめて限定的なものにとどまらざるをえません。すなわち、天皇の意思であるとか、その思考・思想といったものを捉えようとしたときに、私たちは対象の少なさという困難と向き合わざるをえなくなってしまうのです。

また、私のように皇室を研究対象にしていると、ときたま冗談めかして「そんな研究をやっていると右翼に刺されるぞ」と言われます。言論的な不可能性とは、まさにこの言葉にあらわされています。それが真であるかどうかはともあれ、そもそもなぜこのような言葉を私たちが耳にするのか、ということは問うてもよいことかもしれません。つまり、天皇をめぐる言説を提示しようとする際に、その表現について何らかの規範性であるとか、何らかの「ふさわしさ」を要請される状況が（たとえ冗談のレベルであったとしても）存在するわけです。もちろん今、いわゆる「不敬な」言辞をなしたところで、そう簡単には攻撃を受ける対象にはなりません。それがなぜかということも、後の章で考えていきます。

天皇という主題をめぐっては、このように二つの困難さがありますが、こうした問いの困難さをふまえた上で、私たちはどのようにして、天皇や皇室といったものを、そして、あえて「天皇制」という言葉を使うなら、「天皇制」を問うことができるのでしょうか。

先ほど述べた通り、おそらく日本に住んでいる大多数の人にとって、天皇をじかに見る機会は少ないかと思われます。けれども、日本に住む人間たちは、天皇の存在を認知している。直接見る機会はまれであるのに、なぜ認知できるかといえば、天皇やその周囲の皇族たちの表象がメディアを通して拡散されているからです。私たちは天皇や皇族たちを表象として認知している。だからこそ、たまたま目の前を通り過ぎた車に乗っていた人物について、それが天皇だと同一視することもできるのです。

平成の天皇と皇后を直接見た人に聞くと、その二人が天皇と皇后であると知っていなければ、ただの老夫婦にしか見えないといいます。ただ、物腰が穏やかで、にこやかに手を振っている。それは天皇・皇后によく見るスタイルですが、なぜ私たちはそれを「よく見るスタイル」と捉えるのか。それは天皇にかかわる表象に触れ、そこでイメージを生成し、もし実際に邂逅した場合に、そのイメージを裏切らないものであれば、そのイメージが増幅されていくからではないでしょうか。すなわち、表象として受けとったものを受肉させ、場合によってはそれを再度、言説として再生産していくわけです。それによって表象がさらに積み重ねられていく。そうした表象の集積体として、天皇・皇族を考えていくことが可能なのではないか。さらに言えば、そのような表象の集積体を「天皇(制)」と呼ぶことが可能なのではないか、と考えています。

2　本書の対象と方法

本書の考察の対象は、近現代の天皇・皇族・皇室の表象です。そして天皇・皇族・皇室の表象の集積体を「天皇(制)」と呼ぶことにします。また、本書ではこのうち、特に皇族の表象を重視することになりますが、その理由は後でまた述べるとして、近代の皇族・皇室を成り立たせている天皇について基本的なポイントを押さえておきます。

憲法における天皇

まず、近現代の天皇を考える際には、二つの憲法がきわめて重要な意味をもちます。明治の初めに制定された大日本帝国憲法と、戦後の初めに制定された日本国憲法です。

明治時代に制定された大日本帝国憲法においては、第一条で「大日本帝国ハ万世一系ノ天皇之ヲ統治ス」と述べられており、国家の統治者・主権者として天皇を位置づけています。

また、現在の日本国を規定している日本国憲法でも、天皇は同じく第一条で「天皇は、日本国の象徴であり日本国民統合の象徴であつて、この地位は、主権の存する日本国民の総意に基く」と規定されています。日本国憲法では、天皇は主権者ではなく、主権者である日本国民の総意にもとづいた象徴として位置づけられています。ですから、戦後の天皇について表象として考察するということは、象徴の表象について語るという、いささかまぎらわしいことになります。「表象」という言葉が幅広いニュアンスをもつのに対して、日本国憲法で言う「象徴」とは、非常に限定的で、かつその意味はあいまいという、困った言葉として成立しています。字義通りに読むならば、天皇が日本国という国民国家を象徴するということは、天皇が個をもって日本国全体を表現する存在であり、日本国民という本来多種多様な存在が統合されているその全体を表す徴《しるし》であると位置づけているのが、日本国憲法第一条だと考えられます。しかし同時に、日本国憲法の言う「象徴」という言葉そのものはいったい何を示しているのか、その具体的な意味内容は何なのかということについては、さまざまな議論がなされてきましたが、確定的にこれだとは言いづらいものとなっています。(1)

天皇という言葉

それでは、「天皇」という言葉は、どのような意味内容として説明されているのでしょうか。歴史学の辞典である『国史大辞典』（全一五巻、吉川弘文館）と、日本語辞典の『日本国語大辞典』（全一四巻・別巻、小学館）における説明を見てみましょう。

家永三郎による『国史大辞典』の「天皇」の項目では、以下のように記述されています。

七世紀以後の日本の君主の公式称号、またその地位についた人。天皇号成立以前の同一家系の君主であったもの、またはあったとされているものにも後世から遡及して用い、封建社会で君主の実を失ったあとの継承者にもこの号を用い、日本国憲法でも「象徴」として天皇の称号を残した。天皇という称号は七世紀以来、今日まで続いているが、その実質をなす政治的権能や社会的役割は時代によって大きく変化している。

これは今でもある程度通用する定義でしょう。説明される順に①七世紀以後の日本の君主、②それ以前の同一家系の君主であった、またはあったとされている存在、③君主としての実を失った継承者、④そして戦後の天皇。さらに⑤近代の天皇という、五つの天皇について、一挙に説明しています。

一方、『日本国語大辞典』の「天皇」の項目では、大日本帝国憲法下における近代天皇が先に設定されています。

旧憲法では国家の元首とされ、統治権を総攬し、絶対的な地位を有し神聖不可侵とされた。新憲法では日本国および日本国民統合の象徴とされ、国事に関する行為だけを行ない、その地位は主権者である国民の総意に基づくとされる。皇室典範の定めにより皇統に属する男系の男子がこの地位を継承する。

つまり、『日本国語大辞典』は、『国史大辞典』で示されていた天皇の五つの要素のうち、近代天皇と象徴天皇について述べているわけです。

七世紀以前の遡及的に言われる天皇、七世紀以降の日本の君主、その後、実権を失った中世・近世の天皇、大日本帝国憲法における近代天皇、戦後の象徴天皇という五つのあり方が「天皇」という言葉には重なっていると考えられます。

「血のスペア」としての皇族

このような複層的な意味のある「天皇」に対して、「皇族」という言葉にはニュアンスを異にする側面があります。武部敏夫執筆の『国史大辞典』「皇族」の項目では次のように述べられています。

天皇の一族をいい、『続日本紀』天平八年（七三六）十一月壬辰条に「辞皇族之高名」とみえるのは、その古い用例である。この語が制度上の用語として明確に規定されたのは明治以後のことである。すなわち明治二十二年（一八八九）二月制定の皇室典範に「皇族ト称フルハ、太皇太后、皇太后、皇后、皇太子、皇太子妃、皇太孫、皇太孫妃、親王、親王妃、内親王、王、王妃、女王ヲ謂フ」とあり、また皇子より皇玄孫（四世）までを親王・内親王、五世以下を王・女王とすることが定められた。この皇族の範囲は、第二次世界大戦後の昭和二十二年（一九四七）一月制定の皇室典範で改められ、親王・内親王は嫡出の皇子および嫡男系嫡出の皇孫に限り、三世以下の嫡男系嫡出の子孫を王・女王とすることとなった。なお、三后および妃をその範囲とし、また永世皇族の制をとることは、令制の皇親と異なる点である。

つまり、「皇族」という言葉が生まれたのは、近代においてであったということです。それ以前には、「皇親」という言葉がありましたが、皇親は近代の皇族とは範囲も異なり、その位置づけもずれています。(2) 近代において皇族は、「天皇の藩屏」とされました。天皇を取り囲み、それを守る存在ということです。戦前の男性皇族たちは軍務に就くことが求められていました。全員が軍人になることで、象徴的な意味で天皇を守る役割を担っていたことは確かですが、同時に彼らは別の意味において皇室を守る存在として位置づけられていました。それは「血のスペア」としてです。

天皇家の系図を見れば一目でわかるように、皇族には女性がかなり多いにもかかわらず、皇位の継承者は男性に限られています。現代の皇位継承では今上天皇に近い男系の長子が重視されるので、二〇一九年五月現在の皇位継承順位で言えば、第一位が今上天皇の弟の秋篠宮文仁親王、第二位が文仁親王の息子の悠仁親王、第三位が平成の天皇（現上皇）の弟の常陸宮正仁親王となっています。天皇の死去によって皇位を継承するのが新旧の皇室典範に共通する基本的なルールになっていますから（二〇一九年の平成の天皇の譲位は特例法による例外）、天皇が亡くなったあとに、その地位を継ぐ者がいなければなりません。その場合、地位を継ぐ者として、「血のスペア」として、皇室の存続を守る。その意味での天皇の藩屏、皇室を守る者としての皇族が措定されていたと言えます。

天皇（制）

ここで一つことわっておきたいのですが、私は「天皇制」という言葉のニュアンスには注意しなければならないと考えています。「天皇制」という言葉と「皇室」という言葉を区別する人もいます。「天皇制」という言葉は、それに対して批判的な人が使う言葉だという印象をもたれやすいので、あえて「天皇制」という言葉を使わずに、自分は「皇室」研究をやっているという研究者もいますが[3]、天皇・皇族・皇室をめぐる様々な問題系には「天皇制」としか呼びようのない、一種のシステムとしての側面があり、「天皇制」という言葉を使わざるをえない場面があると私は考えています。

そこで、天皇制についてよくいわれる定義を見てみましょう。

広義の「天皇制」とは、天皇を君主として仰いできた政治、経済、文化の在り方を総体・全体としてとらえる場合に使われます。

狭義の「天皇制」は、日本社会・国家の特殊性、つまり、日本らしさ、日本文化の特異性を意味づけるもの、根拠としての天皇を権威と権力の頂点として維持してきた国家と社会構造を天皇制と呼ぶ場合があります。

この言葉が生れてきた経緯は確認せねばなりません。そもそも「天皇制」は一九三二年頃、日本共産党内の運動で成立した言葉として知られています。寄生地主制と専制的国家体制を批判する際に「天皇制」という言葉が産み出され、天皇制を日本固有の封建的・専制的な統治の問題とし、打倒する対象とするものでした。つまり、「天皇制」という言葉は、日本の歴史や文化を批判的に考える際の分析概念として生成され、戦後以降も運用されてきたという側面があるのです。[4]

ただし、「天皇制」という言葉が使われるようになった歴史的経緯を踏まえたうえで、それ自体を批判的にとらえる必要もあります。「天皇制」という言葉は「制度」的なイメージを喚起する語彙です。そのように表現しなければならない局面があることも確かですが、天皇やそれを取り巻く問題系がソリッドなシステムとしてあるかといわれると、簡単には首肯し難いと思います。天皇という、限定的な生身の身体と意志をもった主体があって初めて成り立つものを、硬質な制度として理解したところで、はたしてその全体像をつかむことができるのでしょうか。

私自身は、「天皇制研究」という言葉を「皇室研究」という言葉に置き換えるべきだ、もしくは、それによって相対化するべきだと考える主張にも共感を覚える一方で、天皇を極とした枠組みが、ある種のシステムとして働いてしまう側面をどう捉えるべきかと考えたときに、天皇制の制をカッコにくくったかたちで、システムを駆動させる表象の集積体を「天皇（制）」ととらえ、思考の対象としてはどうかと考えます。前述のように天皇・皇族・皇室をめぐっては問いの不可能性が存在しており、容易に当事者の「意思」を問うことは困難です。しかし、天皇・皇族「についての」、もしくは天皇・皇族「による」表象は無数に私たちの前に投げだされ、積み上げられています。そして、それらの表象こそが、私たちにとっての天皇・皇族・皇室をめぐる「リアル」を生成しているのであり、それを問うことが近現代の天皇・皇族・皇室を考えるための近道になるのではないでしょうか。

「表象」re-presentation

さきほどから「表象」という言葉を使ってきましたが、ここで本書のキー概念となる「表象」について説明しておきます。

「表象」という言葉は re-presentation の訳語です。辞書を引くと、re-presentation にはいくつもの訳語があてられています。例えば、表現、肖像、画像、代表権、代理権、代議士制度、代議士選出権、議員団、演出、上演、などです。美術用語であり、政治用語であり、演劇用語でもありうる、多義的な言葉です。このような多くのニュアンスを含む言葉をどのようにとらえることができるか、いくつか先行する議論から見ていきます。

松浦寿輝は表象という言葉を次のように意味づけています。

「表」わし「象」る行為としての、またその結果「表」され「象」られた制作物それ自体としての「表象」は、オリジナルの現実それ自体ではなく、その二次的な複製の制作であるという意味で、一種の反復の実践であると言える。本書において筆者の依拠する前提は、人間――個人であれ集団であれ――の生の体験には、ことごとくこの反覆の構造が根深く浸潤しており、「起源」に位置する「現実」なるものを無媒介的に所有する途は絶たれているというものだ。(5)

すなわち、表象とは、表象された〝何か〟そのものではなく、その〝何か〟と等価なものでもないものとして、まずあり、その反復性に着目しようということです。その再現への志向性はre-presentationの“re”のもつ意味ともかかわります。Reという接頭辞は「再」という意味をもつのはご存じのとおりであり、再現行為を前提とする以上、表象されるものと表象されたものの間には直接の関係は成立しないのです。

表象されるものに何かが介在することによって、表象されたものが産み出される。その表象されたものを私たちは受け止めている。よって表象されるものと表象されたものとの間を無媒介に、無前提につないでいくことは不可能だと考えられます。これは先ほどの、再現や代理、代表、上演、表現といった、すべての場合に該当するありようだろうと考えることができます。何らかの、表現されるものがあり、それを何らかの形式で表現しようとする、その際には再現行為が行なわれるわけですが、その再現の結果生まれてきたものは、表象されるものそのものとは近似することがあったとしても厳密には一致することはないのです。例えば、何らかの戯曲表現があったとして、その戯曲表現を身体を通して表現する、それによって提示されたものは、戯曲表現そのものと直接的な関係を結んでいません。

このように考えれば、およそ表現というもの自体が表象に支えられなければ存在しないことがわかるでしょうし、私たちはそのような意味で表象に囲まれており、表象されるものに直接触れる機会などほとんどないと言っていいと思います。こうしたきわめて根源的なものとして表象を位置づけることができます。

とりわけ、天皇という存在はまさしく表象的だと言えます。天皇の、肉体をもち、意志をもった主体としてのありようは、誰かが介在して、それを表象することによってのみ他の人々の目に触れうるようになります。しかもそこにおいて生成されたイメージは、それを受け取った人々の間で反復され、増幅されて定着していきます。だからこそダブルのスーツに笑顔で手を振るおじいさんを見たときに、私たちはその人物を平成の天皇だと認知し、それにある程度、自分のもっていたイメージの反復を見ました。この意味でも天皇はまさしく表象的です。そして同時に重要なのは、先述したように、天皇の意思を探求しようとしてもその方途は一般的な表象に増して絶たれているということです。そのように考えた時、天皇・皇族・皇室を問う際には、単に伝記的事実を追究したり、個人の思想を追究したりすることよりも、それらがどのように表象されているのか、もしくは内在する語り手が自らをいかに表象しようとしていたのかを考えることが有効なのです。そもそも分析概念として生み出された「天皇制」語彙は、対象とする社会や政治制度、文化様態などを名指すに際し、その帰着点を天皇とすることによって運用されてきました。しかし、分析概念として用いるということは実質的にそのことばを社会に流通させることに加担することであり、表象を再生産する行為にもなっています。そこまでも視野に入れて本書で述べるのが、このような表象の集積体としての「天皇(制)」なのです。

表象と歴史

さて、松浦は次のようにも述べています。

人間の意識活動とは、畢竟、絶えず喪失し続ける「現在」を「表象」の形で反復し、その反復を通じてファンタスムの領域で再獲得し、所有しようとする、あらかじめ挫折を運命づけられた絶望的な試みの絶えざる持続以外のものではない。要するに、人間は世界を「表象化」しつづけずにはいられない動物なのだ。それが、進化の過程でいかなる天の配剤か、時間の次元を備えた意識を獲得してしまったわれわれが、爾来引き受けなければならなくなってしまった宿命にほかならない。(6)

このような松浦の「表象」概念は、「歴史」という言葉ときわめて似かよったニュアンスをもつことになります。表象という言葉は、時間の経過とともに消え去ってしまう現実、触れることのできない現実をなんとかつなぎ止めようとしながらも挫折する試みでもあります。むしろその挫折する試みにおいてこそ、私たちの現実は生成されていく、そういう私たち自身のあり方を見てとることができると思います。それゆえ、表象文化論は、イメージ論、視覚文化論、パフォーミング・アーツ研究、音楽文化論、伝統芸能研究、言語芸術論、文化表象研究（制度・権力・身体・メディア等から文化的事象を分析）といったさまざまなジャンルにかかわっていくものとなります。このうち本書は、文化表象研究に該当します。

また、松浦の指摘するように、表象には〈歴史〉との親和性があります。過去のある一時点に起きた出来事に、私たちは直接触れることはできません。それでも、私たちはそれを何らかのかたちで、歴史としてあとづけていくことを求められています。しかし、過去そのもの、現実そのものにじかに触れることができない以上、不可能性を含まざるをえない。そこで、ある出来事に関連して生成してきた記憶や記録、そして表現といったもの、これを参照することによって後発的に歴史を生成していかざるをえない。この歴史生成の過程は、表象生成の過程ともきわめて近似するものです。そして歴史は、時間の展開というかたちでの枠組みをもつ以上、ナラティブ（物語り）という形式をもたざるをえないので、私がこれから扱っていく表象というものも、一種の物語行為のなかに生成していくものに他なりません。それゆえ言説分析という方法を、本書のなかで幾度となく運用していくことになろうかと思います。天皇（制）の表象文化としてのあり様を捉え、それを歴史的なコンテクストに置きなおして細かに分析をほどこしていくことがこれから本書が目指すものです。[7]

本書では天皇・皇族・皇室表象を特にメディア表象に限定して考えていきます。なぜかといえば、本書で主に扱う近現代とは、メディアの時代と言い換えることもできるからです。さまざまな人々が、それぞれがなんらかのかたちでメディアにかかわることによって、さまざまな表象にふれ、それによってそれぞれにとっての現実を構成しています。私たちはメディアを無視して近代以降の社会を考えることはできません。

メディアを考える際の前提的な思考としては、よく知られたM・マクルーハンのメディア論があります（M・マクルーハン『メディア論』一九六四：みすず書房、一九八七）。マクルーハンは、そもそもメディアはそれ自体がすでにメッセージなのだといいます。メディアは情報を伝えるだけではなく、その利用者の思考と行動に何らかの影響を及ぼしていく。だから、「メディアがどのように環境として作用するのかを知ることなしには、社会的・文化的変化の理解はいかなるかたちであれ不可能である」といいます。

歴史と同じく、表象は私たちに届けられる際に往々にしてなんらかのかたちで物語化されています。物語を流通させ、消費させるのはメディアであり、そこに内在する語り手の欲望と無意識を戦略的に読み取っていかなければなりません。私たちはこれからメディア表象を見ていくうえで、表象を届けるというメディアの重要な役割を捉えたうえで、そこに内在する物語の内容と言説がどのように展開しているのか、同時代性と重ねあわせながら問うていく必要があるのです。そのうえで重要なのは、それらメディアのなかで展開する物語と、そこにおける諸表象をどのように「読む」のか、です。歴史叙述には物語性が必然的に呼びこまれていきますが、叙述の生成者は自らのテクストがいかなる「読み」を提示しうるのか、それがいかなる同時代性をはらむのかに意識的である必要があります。それゆえ本書では天皇（制）の諸表象を提示するとともに、筆者の「読み」を示すことによって、読者による新たな「読み」の可能性を開いていくことを目指します。

3　皇族・地域・法維持暴力

最後に、本書はどのような視座をもって皇室表象を問うかについて述べておきます。どのような観点から、天皇（制）の表象文化史を考えようとするのか。その視座は、皇族、地域、法維持暴力の三つです。

皇族という視座

皇族とは、前述のように天皇の「血のスペア」ともいえる存在です。また「血のスペア」以上に重要なこととして、皇族とはそれ自体がきわめて表象的なありようをもつ存在だということが挙げられます。天皇がきわめて表象的な存在であることは先ほど述べた通りですが、皇族は、ある意味で天皇以上に、representation という言葉によくあてはまる様相をもっています。

例えば天皇に代って、皇族が天皇の「代理」として外国を訪問し、皇室外交を行なうケースがあります。「代理」とは representation という言葉の訳語の一つです。皇紀二六〇〇年、神話上の神武天皇が即位した年から二六〇〇年目を祝う式典が開催された際、その総裁は昭和天皇の弟である高松宮であり、彼は式典において、国民の「代表」として天皇に言葉を述べるという行為をしました。また現代では、二〇二〇年東京オリンピックが催される予定ですが、当初JOC実行委員長だった竹田恆和は、もともと旧皇族の一人です。JOC実行委員長とは、国際社会に対して、少なくとも世界のスポーツ関係者に対して日本を代表していると思われる役職です。ここにも一種の「代表制」representation が働いています。つまり、その業界の人々の代表として、なんらかのかたちでメディアにおいてその存在が表象されることが前提となる役職についているといえるのです。もちろん、旧皇族の一人をそのまま皇族として扱うことはできませんが、少なくともそういうものの「ふさわしさ」を引き受ける可能性をもっていたことは注目しておいてよいでしょう。

このように表象という言葉と皇族の相性がよいということもありますが、同時に、皇族への注目は天皇の表現に関する不可能性を回避しうるという利点があります。後で詳しく述べますが戦前・戦中には、天皇(制)の中心としての天皇には、その表現に対して制度的規制がありました。例えば、当時の刑法には不敬罪の規定があり、天皇についての不敬言辞は罰則の対象でした。現在でも、このタブーが決して存在しないわけではありません。例えば、「そんなことを言うと右翼に刺されるよ」という言明には、知らず知らずのうちに、天皇について語るにはそれにふさわしい言辞があるという前提、パターン化された言辞から逸脱する物言いに対する一種の忌避感ないし忌避感を煽るような状況が設定されています。すなわち、天皇表象にはある種の枠組みがはめられ、そこから逸脱することがきわめて限定的になっていると考えられます。そのため私たちが天皇にもつイメージはきわめて近似してゆき、天皇本人に出会ったときにも「ああそのままだ」という印象をもちやすい。

そのような天皇（制）の中心としての天皇に対して、周辺としての皇族に関する表現規制は戦前からかなりゆるやかです。加えて戦前は地方によっては規制の基準がバラバラなので、ずれが生じます。結果、パターン化されやすい天皇に対して、パターンから逸脱してしまう可能性を皇族はもっていました。例えば、戦前の興味深いメディアとして、絵はがきがあります。絵はがきは、それによって日本全国の文物や自然の光景とか、有名人の顔といったものを知るという役割もありました。その絵はがきに皇族の写真が扱われることがあり、天皇の写真は厳しく管理されていましたが、戦前に一度、潮干狩りをしている女性皇族（久邇宮良子女王、のちの香淳皇后）が、和服の裾をたくし上げて、そこから下着の裾が見えるという図柄の写真が絵はがきになったことがありました(8)。このように皇族はパターン化されたものから逸脱する可能性をもっているのであり、これをつきつめることはすなわち、ソリッドな制度としての「天皇制」というイメージに亀裂を入れていく可能性を生むと言えます。

皇族が、天皇と差別化される表象が提示される際には、さまざまなかたちでの規範からのズレを読むことができます。それは、一元的な解釈に落とし込むことの困難な、解釈の多様性やそこにおける読みの可能性を押し広げることになるものです。これが第一の視座です。

地域（地方）という視座

第二の視座としては、地域（地方）というものがあります。地域とは、制度的な強固な規範が、ある種の破たんをきたす可能性のある場と捉えることができます。

そもそも近代化は、中央集権化にそのひとつの特徴を見ることができます。中央集権化に伴い相対的に中心ができ、同時に「その他」として地方がつくりあげられます。中心が生まれなければ周辺は存在しません。中央集権化が為されることによって、中央・地方関係は生起していく。もう少し具体的にいえば、天皇（制）についての制度規制が強く働く中央に対して、地方行政が分担する規制において、規範性にずれが生じる可能性が出てきます。そこに解釈の解放性が見いだされる側面が出てきます。

また皇族に関しては、天皇との差別化が前提とされていました。天皇と皇族は、身分として画然と分けようというのが、日本近代の国家的な指針でした。けれども詳しくは後述しますが、天皇と皇族の差別化が前提の中央に対して、地域社会においては、むしろ天皇と皇族を同一視していく動向がありました。序列的な制度を想定していた中央による集権的なあり方に、地域メディアが実質的にずれを生んでいたと考えることができます。天皇をめぐる言説に入る亀裂として、地域というものを見出していくことができるのではないでしょうか。

辺境とか僻地と呼ばれる場所は、そもそも最初から辺境であったり僻地であったりしたわけではありません。中央集権化が起ることによって、否応もなく辺境、僻地にされた場所です。近代化によってそれまであった社会規範や生活のあり方を変更せざるをえなかった、一種の傷を負った土地として、地域（地方）を想定していくことが可能です。その傷はいかなるかたちで癒されていくのでしょうか。ここから天皇（制）を考え直していくことができます。これが第二の視座です。

法維持暴力という視座

第三の視座は、法維持暴力という発想です。ヴァルター・ベンヤミンは「暴力批判論[9]」で、国家の暴力について二つのあり方を想定しています。一つは法措定暴力、もう一つが法維持暴力です。それまでなかった法基盤を作り上げることによって人々のあり方を規定していく、国家が法を定める暴力、すなわち法措定暴力です。ある法が成立することによって、それまで不法ではなかったことが不法になる。それまで不法だと思っていなかったことをしていた人にとっては、日常を規制されることになりますから、そこに暴力が生じていると理解できます。

もう一つの法維持暴力は、法を維持するために行使される暴力です。なんらかのかたちで暴力が振るわれた（法が措定された）ときには、それを維持管理することが求められる。そのために、新たな暴力が振るわれていくのだということをベンヤミンは指摘しています。例えば兵役、国家によって軍隊制度が成立したときに、その暴力を維持するために兵役制度が設けられ、兵役義務を絶えず課していくことによって、軍隊制度を維持していく。これが法維持暴力の一つの例です。警察も法を遵守させるための暴力としての法維持暴力の一つとされます。

なぜ法維持暴力を視座として導入するのか。私たちが天皇について語ろうとするときに、何かが変わった瞬間やそれができあがった瞬間に私たちは目を向けがちです。なんらかのかたちで新たな法制度が出現したときに、それが生まれたときに働いた力学を私たちは問いやすい。そのため、これまでの天皇（制）表象研究は、明治にその関心と努力の多くを割いてきました。もちろん、それがなされなければ現在の研究基盤は存立しえませんから、それは決して不当なことではありません。

しかし、天皇（制）が延命し、現在もなおなんらかのかたちで影響力をもっていることを考えたときに、制度を支えるものはいったい何なのか、それを維持してきたものはいったい何なのか。そのシステムを維持するために、なんらかのかたちで、さまざまな力が働いていることは間違いありません。それを問うためには、法システムが措定された段階ではなく、システムが維持されていく側面に光をあて、諸々の法維持暴力がいかなるかたちで展開しているのか、それらが危ういバランスのなかでなお命脈を保っているのはなぜかを問うていくことが必要なのです。(10)

以上で、本書の対象・方法・視座についてお話ししました。次章以降から本論に入りますが、前半は総論的、後半は各論的にお話しします。

〈注〉

（1）「象徴」の意味内容確定の困難さについては河西秀哉『「象徴天皇」の戦後史』（講談社選書メチエ、二〇一〇）、冨永望『象徴天皇制の形成と定着』（思文閣出版、二〇一〇）を参照のこと。

（2）皇族の定義をめぐっては小田部雄次『近現代の皇室と皇族』（敬文舎、二〇一三）を参照のこと。

（3）前掲小田部二〇一三。

（4）これらの定義についてはは渡辺治によるまとめを参照のこと。渡辺治「天皇制」『岩波　天皇・皇室辞典』岩波書店、二〇〇五。

（5）松浦寿輝『明治の表象空間』講談社、二〇一四。

（6）前掲松浦二〇一四。

（7）歴史と物語の関係について端的にまとめたものとして、岡本充弘『過去と歴史』（御茶の水書房、二〇一八）がある。

（8）森暢平「大正期における女性皇族像の転換――良子女王をめぐる検討」『成城文藝』二三六号、二〇一六。

（9）W・ベンヤミン「暴力批判論」（一九二一：野村修編訳『暴力批判論　他十篇』岩波文庫、一九九四）。

（10）これらの視座に基づいた研究成果として、茂木謙之介『表象としての皇族――メディアにみる地域社会の皇室像』（吉川弘文館、二〇一七）がある。

第一章　天皇像の近世・近代・戦後

表象を読み解く際には、それらのもっている時代的なコンテクストを見ないことには誤読を招きかねません。また、法維持暴力の視座から読み解く、すなわち制度がいかなるかたちで維持されてきたのか、そして今なお維持されているのかを考えるためには、やはり制度が措定された段階と制度が大きく変化した時点にさかのぼる必要があります。

特に明治時代は日本近代の幕開けであると同時に、天皇（制）を考える際にはその初発の時期として重要になります。またその新しさが、いかなる新しさであったのかを考えるために、近世からの変化を視野に入れておかなければなりません。そのうえで、もう一つの激変期として第二次世界大戦終戦戦後の大変革を考えねばなりません。

本章では、天皇像の形成とその維持について具体的に考えていくために、まず天皇（制）が大きく変わった時代に焦点をあて、制度的な変化の概略を押さえていきます。

なお、議論の前提として、近世・明治・昭和戦後という時代区分についてふれておきます。天皇

（制）は、それが特定の照応関係を前提としない表象の集積体であったとしても、ある程度まで天皇の身体に依存している側面があります。特に近代皇室においては、一つの時代の終わりが天皇の肉体的な死によって意味づけられてきましたから、明治・大正・昭和という時代区分には一定の適切さが成立します。しかし、近世から近代への、江戸時代から明治への変化はそう一筋縄ではいきません。以下近世から戦後までを画期として制度を中心に天皇をめぐる出来事の概略を確認しておきたいと思います。特に明治以降においては、天皇という存在が、時代においてもっとも重要な存在として位置づけなおされていく、その動向を確認していくことにします。

1　近世——幕府との関係の変化

幕府による統制

日本の近世、江戸時代においては、江戸幕府による朝廷に対する統制はきびしく設定されていました。一六一五年、禁中並公家諸法度（＝『禁中方御条目』）が制定されます。これは江戸幕府が制定した皇室・公家・門跡（皇室の子弟が出家して入った寺）などに関する規則です。そこにおいては「天子御（諸）芸能之事、第一御学問也」とされ、天皇のやることのうち、第一にやるべきことは学問だと意味づけられています。すなわち政治的な主体としての権能ははぎとられて、学問中心にやれと定められていたわけですが、実際のところ、そう単純なものではなかったろうという議論もなされています。[1] 例えば天皇という存在が、官職・位階を与える行為を通して、政治的なコミットメントを行なっていた側面を有していたことは否定できません。

禁中並公家諸法度においては、摂家と武家伝奏が朝廷内部を統制していました。摂家とは摂政関白を出している家柄の公家、武家伝奏とは江戸幕府と朝廷との連絡役です。天皇を補佐する関白が朝廷内部の政治的な決定に関する主導権をもち、武家伝奏が実務を担当するという枠組みがつくりあげられていました。この枠組みでは、武家伝奏の人事が問題になりました。つまり、実務官僚である武家伝奏の人選を、誰が、どのような人物を任命するかは朝廷と幕府をめぐる政治にとって重要だったのです。当初、人事権は幕府にありましたが、幕末近くになると朝廷に武家伝奏の人事権が移っていきます。そこに朝廷と幕府の関係の変化を見ることができます。

法制度のほかにも、幕府の派遣した役人である京都所司代や禁裏付武士によって朝廷は監視をうけており、朝廷は幕府によってきびしく管理されていたことが見てとれます。

禁中並公家諸法度が制定された一二年後の一六二七年、紫衣事件が起こります。この紫衣事件とは、幕府が、高僧のあかしである紫衣着用の勅許を受けた禅僧に対して、一六一五年以後の勅許を無効とするとしたことから始まります。これは禁中並公家諸法度違反者が臨済宗の大徳寺・妙心寺に多いことが判明し、当時、大御所（元第二代将軍）であった徳川秀忠が勅許破棄の決定をしたものでした。これに対して、紫衣勅許を受けていた大徳寺系の僧侶、沢庵宗彭・玉室宗珀・江月宗玩らが幕府に対して抗議し、幕府から流罪の処分を受けます。後水尾天皇はこの処分に対する抗議の退位をしました（一六二九年）。この事件は、一六三二年、三代将軍徳川家光による沢庵赦免と一六四二年に幕府が紫衣勅許制限を緩和したことによって収束しました。この紫衣事件は朝廷に対する幕府の優位を明確化した事件であるとされています。

朝幕関係の緊張

紫衣事件から百年以上後、朝廷幕府関係に変化の生じたことが見てとれる事件が起きました。一七五八年、神道家・竹内式部が処分された宝暦事件が起こります。竹内式部は神道家といっても、山崎闇斎の系譜にたつ儒学者でもあり、神道と儒学を折衷した説を唱えていました。その竹内門下の公家が桃園天皇に『日本書紀』神代巻を進講し、このことが朝廷の内部で問題視されます。『日本書紀』神代巻には日本の出発点に天皇の統治があったという神話が提示されており、これを儒学の名分論で解釈するなら、朝廷の幕府に対する優越を示す可能性をもっていました。幕府との関係悪化を恐れる近衛内前らは竹内門下の公家たちを処罰し、その顛末を京都所司代に告げて竹内式部を京都から追放させました。

竹内式部追放の背景には、かねてより朝廷内で公家たちに対して武芸の稽古をつけていたのではないかという疑惑をもたれており、朝廷が武装するのではないかという懸念がありました。この段階までは、幕府に配慮し問題を朝廷内部で処理しようとする動向が見てとれます。

一七六六年、明和事件においては、尊王思想家・山県大弐が謀反を企てたとして死罪にされています。宝暦事件の竹内式部が儒者といっても朱子学系の、いわゆる学者であったのに対して、山県大弐はもと甲府の与力で、軍学教授として生計をたてていました。彼は江戸市中で幕府に対して謀反を企てていたという疑惑をかけられます。山県大弐は著書『柳子新論』で儒教的名分論に基づいた尊王思想を展開しており、それが幕府批判の書であるとして処罰されました。山県大弐はこれで死罪になりましたが、この事件とはまったく関係のない宝暦事件の竹内式部も巻き添えをくらって八丈島に流罪となり、途中の三宅島で病没します。

宝暦事件と明和事件、この二つの事件は近い時期に起きてはいますが、事件の性格が違います。宝暦事件は朝廷内部の若くて血気盛んな公卿たちと幕府との関係を重んじる摂関家との対立が背景にあり、明和事件はもとは幕府の役人だった人物による筆禍事件です。しかし共通していたのは、そもそも日本の支配者は天皇であった（あるべきだ）という思考が提示されたということです。天子・天皇が国家の中心なのだという儒教的原理主義の発想が前提としてありますが、その前提の上で、天皇の支配権を簒奪している幕府に対する批判的言辞がつくられ、神道を基盤とした尊王論が朝幕関係に緊張をもたらしたのです。

宝暦事件と明和事件は、いずれも事件としてはすぐに決着したものの、それに胚胎していた尊王論が時間をかけることによって社会に定着していきます。それを象徴的に示す出来事が、天明の飢饉の時にありました。天明の飢饉と呼ばれる大飢饉は、一七八二から一七八七年まで続いた大凶作です。ある年が凶作でも、前年や翌年が豊作であれば、社会はそのマイナスを吸収できますが、さすがに長期にわたり凶作が続くと幕府も対処しきれなくなりました。

その際、京都の民衆は「御所千度参り」を行ないました。当時の京都御所は、塀のすき間があいていて、なかをのぞくことや物を投げ入れることができました。京都の民衆は御所に参詣して、ひとによっては御所の裏側にまわって、天皇がいそうなところに投げ銭をしたのです。つまり、この御所千度参りは、飢饉対策をもはや幕府に期待できず、天皇に頼ろうという動向だったのです。

前述の明和事件の段階では、天皇を中心とした朝廷よりも幕府の方が優位にありました。しかし、天明の飢饉という生存の危機に人々が直面したときに、朝廷による仁政への期待が高まります。朝廷は和リンゴ三万個を用意して集まった人々に配ったほか、京都に貯蔵されている米を民衆に配ることはできないかと幕府に提言し、それは実行に移されました。朝廷の行動は幕府の不十分な部分を補い、結果的に朝廷の権威は向上しました。このときに天皇位にあったのは、後に光格天皇と呼ばれる人物でした。

光格天皇（一七七一～一八四〇）

光格天皇は、近世朝廷の地位のターニングポイントになった人物の一人です。光格天皇は天皇直系ではなく、閑院宮典仁親王の第六皇子として生まれた皇族の子でした。一七七九年、後桃園天皇の崩御の際、同天皇の養子となり、即位しました。彼はもともと優秀な人物として知られていたようで、芸能・文学などの教養も豊かで、さまざまな方面で高い評価を受けた人物です。この光格天皇時代の象徴的な出来事の一つとして、尊号事件（尊号一件）があります。

天明の飢饉への対応で朝廷の権威が向上した一七八九年、光格天皇は実父・典仁親王に太上天皇（上皇）の尊号宣下を計画しました。太上天皇（上皇）という位は、天皇が皇位を誰かにゆずって引退したあとに得る位ですが、当時の光格天皇の実父は皇族ですが天皇ではありませんでした。幕府老中松平定信は先例がないとして天皇の申し入れを拒否しましたが、これに対して朝廷は、先例の有無が問題なのではなく、尊号宣下して典仁親王を太上天皇にする以外に、光格天皇が実父を尊崇する道がない、つまり天皇が親不孝者になってしまうではないかと主張しました。これに対して幕府は、それでは君臣の名分を乱す可能性があると反対します。

この尊号事件において、幕府は、一代限りとはいえ典仁親王に家禄の増進などの優遇措置をするなど、朝廷に対してかなりの譲歩をしました。これは、それまで政治的に優位であったはずの幕府が、朝廷の要求に対して妥協案を示したことになります。これによって朝廷と幕府の力関係は再び変化していきます。この尊号事件以降、朝廷の強硬姿勢が目立ちはじめ、尊王思想を助長することになります。

さらに光格天皇は朝廷の儀式や祭祀を復活させていきます。例えば、石清水八幡宮や賀茂神社の臨時祭、大嘗祭・新嘗祭の古式復興、紫宸殿・清涼殿の平安様式造営などです。これらは、象徴的な意味合いをもっています。朝廷のもつ権威の向上を目に見えるかたちで示すという視覚的な政治を光格天皇は行なったと言えるでしょう。

光格天皇の朝廷権威復興は、彼の死後、完遂されることになります。死後に「光格天皇」という諡号かつ天皇号が与えられました。本書では光格天皇以前の天皇についても、桃園天皇、後桃園天皇というように天皇号で呼んできましたが、実はこれは光格天皇に天皇号がおくられたあとにつけられた号です。天皇という称号は、光孝天皇（八八七）以来、（わずかな例外を除き）使われなくなっており、以来、存在しない称号として「天皇」はあったのですが、それが光格天皇の代に復活したのです。天皇号の復活によって、朝廷の権威が明らかに示されることになりました。この意味あいがより強くなっていくのが、光格天皇から二代あとの孝明天皇のときです。

孝明天皇（一八三一～一八六六）

一八四七年に即位した孝明天皇は仁孝天皇の第四皇子で、名は統仁《おさひと》です。彼は一貫した攘夷論者で、外国人嫌いの人物でした。彼は日本という国を、神権的なイメージでとらえていたところがあり、日本の国土が外国人たちによって蹂躙されてしまうのではないかと強く警戒していたのです。彼が即位した一八〇〇年代中ごろは日本の近海に外国船が頻繁に来訪した時期でもありました。これに対して日本社会に生まれた危機感を、孝明天皇はダイレクトに受けとったとも言えます。

一八五三年に、アメリカのペリーが率いる艦隊が浦賀に来航した際に、孝明天皇は七社七寺に外患祈祷を行なわせました。外患祈祷とは、外からやってくるよくないものを排除するという祈りです。さらに、朝廷の監視にあたっていた幕府の出張所である京都所司代に、日本近海に外国船が現われた際に近畿の警護はどうなっているのかと問いただしてもいます。

このように外国に対する忌避感・警戒心の強い孝明天皇に対して、一八五八年、幕府は、日米修好通商条約調印の勅許を奏請します。つまり、アメリカとの交易を始めるにあたり天皇の許可を願ったのです。天皇の判断を仰いだ幕府側の予測では、天皇は基本的に幕府の言うことを聞いてくれるはずでした。ところが天皇は、外国との通商は「神州を汚すもの」、つまり神の国である日本を汚すものだと憂慮して、勅許を見合わせました。そこで幕府は、勅許を待たずにアメリカとの条約を調印し、蘭・露・英の諸国とも条約を締結しました。これに天皇は激怒し、皇位をかけて反対の意を表明すると同時に、幕府および水戸藩に勅諚を送り、国事を誤らぬよう再議を求めました（戊午の密勅）。幕府にだけではなく、水戸藩にも送ったことがこの一件のポイントになります。本来勅諚を幕府だけに送るならば問題はないのですが、水戸藩にも送ったことによって、結果的に既存の秩序体系を乱すことになったのです。

当時の水戸藩には、天皇を奉り外国人を排斥する志向をもつ人々（尊王攘夷派）が多くいましたが、この密勅の扱いをめぐって藩内に軋轢が生じました。天皇の要請なのだからこれを尊重しなければならないという人たちと、自分たちも徳川幕府の一員（水戸藩主は徳川御三家の一人）なのだから慎重にことをすすめるべきだとする人たちのあいだで衝突が起きたのです。その結果、慎重派の意見が大勢を占めて、これに不満をもつ尊王攘夷派は藩を出ていきました。脱藩したグループは水戸浪士と呼ばれ、のちに一八六〇年の桜田門外の変で、幕府の大老・井伊直弼を殺害する中心となります。

井伊直弼は幕閣のなかで開国派の急先鋒であり、尊王攘夷派の公家たちを締め上げていた人物でした。この井伊直弼が桜田門外の変で殺害されたことにより、幕府の方針が変わっていきます。天皇の妹である皇女・和宮を、第一四代将軍家茂の正室に迎えることで朝廷と幕府を一体化しようという、公武合体路線へ転換したのです。これによって朝廷は幕府から実質的な譲歩を引き出したことになり、朝廷は幕府に対して優位に立ちました。

朝廷が優位に立った段階で、外国勢力を日本から追い払えという指令を朝廷が提示し、長州藩を中心とした攘夷行動が活発化します。この動きを憂慮した会津藩と薩摩藩は、尊攘過激派を京都から追放しました（八月一八日の政変）。これに対して、京都での尊攘派の優位を取り返そうとした長州藩関係者が、京都御所に立てこもる会津藩と薩摩藩を攻撃しました（禁門の変）。この紛争で長州藩は敗け、朝敵となった長州藩へは二度にわたって幕府から征討軍が派遣されます（長州征討）が、裏では薩長同盟が結ばれ、薩摩藩と長州藩は、外国を排除するのではなく、開国しつつ幕府を倒す方向で行こうと意志統一し、そのときに天皇を新政権の中心に据える取り決めがなされました。ここで、天皇を中心とした開国討幕という方針に転換したのです。この動乱のさなかに、強硬な外国嫌いだった孝明天皇が亡くなり、皇太子睦仁に皇位が移ります（明治天皇）。

明治天皇の東幸と東京遷都

一八六八年一月、戊辰戦争が始まります。鳥羽伏見の戦いに端を発し、薩摩・長州を中心とした朝廷側と、幕府側が武力衝突し、戊辰戦争と呼ばれる内乱がはじまったのです。同年三月には五箇条の誓文が発布され、天皇が主体的に国家のあり方を提示する動きが見えはじめます。また同年七月に、江戸を東京と改称し、その二カ月後の九月には、元号を明治と改元するとともに、それまで京都からほぼ一歩も出ていなかった明治天皇が、輿《こし》に乗って東京に出発しました（東幸出発）。

光格天皇と孝明天皇を例外として、近世の天皇は政治的な動きの目立たない人たちでした。天皇という立場の位置づけも、幕府との相対的な関係において意味づけられていました。それが明治になると近代における絶対君主へと転換していきます。その変容を次節から見ていきましょう。

2　明治——可視化される権威

「支配の装置」の設定

明治期の特徴としては、先行論で「支配の装置」といわれるものの設定があります。国家が人々を統治するための、さまざまな近代的なしくみが開発されることによって、天皇という存在の権威づけが急速にはかられていくのです。

明治以前は、御所のなかに天皇という人がいることは知られていても、ほとんどの人が天皇という存在を自分の目で見たことはありませんでした。その天皇は、一生のあいだ、自分の足で土を踏まずに過ごす可能性の高い人たちです。つまり朝廷から一歩も外に出ることがない、むしろ、孝明天皇が石清水と賀茂社に出向くまで長らく御所の外に出ていなかった、という時代がありました。

そうすると、一般民衆が天皇を「知る」ことはありません。もっとも、まったく知られていなかったわけではなく、例えば、都市部に住んでいる商人の子どもたちは、江戸中期ごろから全国的に流行した雛祭りのひな人形、内裏雛を通して、朝廷というものがあるのだと認知していたといいますし、また、前述の天明の飢饉の例のように京都の町衆らが神権的な意味づけをしていく動向もありましたが、基本的に具体性は伴っていなかったということができます。そこで天皇を新政権の中心に据えた明治政府としては、天皇の存在を人々に知らしめていく必要が生じました。

一八六八年、天皇の誕生日を国家行事にします（天長節の制定）。一人の天皇が即位して死ぬまで一つの元号を使い続ける一世一元制もはじまります。それまでの元号は、不吉な変動が起こりやすいと信じられた十二支十干にあたる年であるとか、人心が動揺するような大事件や大きな自然災害が起きたとき、逆にめでたいことがあったときなど、時どきのタイミングで変えていました。しかし明治からは、天皇が死ぬまで同じ元号を使うことに決めたのです。

翌一八六九年、「君が代」が制定されます。ただし、このときの「君が代」は現在と歌詞は同じですが、曲は違うものでした（J・W・フェルトン作曲／薩摩琵琶歌「蓬莱山」から）。一一年後の一八八〇年に、楽譜が改訂され（林広守の旋律選択／F・エッケルトの和声）、一般的になりました。

また、一八七〇年には、日本の商船に「日章旗」、いわゆる日の丸を掲揚するように指示が出されます（郵船商船規則）。日の丸はそもそも源平の合戦以前までにさかのぼることのできるデザインでしたが、それを日本船のトレードマークとしたのは一八五四年、島津斉彬の建議によってでした。一八七二年には、明治天皇の肖像写真である「御写真」が撮影されました（内田九一の撮影）。この写真は、当時の外交儀礼として元首の写真の交換が行なわれていたため、当初は外交目的で使われました。翌年からは、外国使節だけではなく、地方の役人にも下賜されるようになります。やがてこの写真は崇敬対象になり「御真影」と呼ばれるようになっていきます。

一八八九年には、江戸城跡に皇居が造営されます。ちなみに、一度、火災で焼失し、その後再建されますが、「宮城」という言葉で特権化されていきます。宮城県では、県名が皇居である「宮城」と同じ表記なので、県民が県名を変えた方がよいのではないかと宮内省に伺いを立てていたことが当時の公文書で確認できます。[2] この八九年の段階で、天皇の権威が社会に定着していたことを示すエピソードです。

天長節という記念日の設定、一世一元の制に見られるような時間の管理、「君が代」という天皇をことほぐ言説の定着化、国家を示す国旗を祝祭日に掲揚することで特権化すること、写真自体を崇敬対象としていくこと、天皇が住まう場所を意味づけし特権化していくこと、こうしたさまざまな装置を設定することによって、天皇の権威づけがなされたのです。

宗教的権威の生成

一八六八年の神仏分離によって、仏教の排斥と神道の特権化がはかられます。神道の中心的な存在として天皇をあらためて措定し直すということが行なわれました。

一八七〇年の大教宣布の際に、天皇崇拝中心の神道布教を神霊に対して宣告します。これは、キリスト教の普及防止がねらいでした。

一八七二年に、神祇省が廃止され、教部省が設置されます。ここにおいて大教宣布運動の転換が成立したといわれています。教部省による社寺・神官・僧侶の管理と、教導職の組織化が行なわれていきます。

一八八〇年の刑法制定で、不敬罪・大逆罪が制定されたことも、天皇の宗教的権威の少し迂遠な方法と評価できます。天皇が崇敬対象であることを知らせる諸制度をつくっていくと同時に、そうではないものを取り締まっていくことが刑法(不敬罪・大逆罪)の制定によって明確化したのです。何が不敬かは刑法制定により確定されましたが、何がよりふさわしいかについては決めていないので、ここにおいて、ふさわしいものが不明である以上、ふさわしくないものを除外していくことによってしか正統を表現することができなくなるという一種の不可能性が生まれます。つまり、「神という存在はこのようなものだ」という肯定的な定義ではなく、「神とはこういうものではないとだけ言える」という否定神学の発想をこの不敬罪・大逆罪の制定に見出せるのです。

軍事的指導者としての位置づけ

天皇の位置づけとしては、宗教的権威としてのそれのみならず、軍事的指導者としての位置づけも重要です。

一八七二年、徴兵の詔書が出されました。これは国民をして軍隊の一員として位置づけることを天皇の名で宣言した文書です。この詔書では、「壮丁」という、古代に兵となった人民たちを指していた言葉を用いることによって国民皆兵を宣言しました。その翌年、一八七三年の徴兵令制定はこの詔書の宣言を現実化したものです。同年の太政官達では皇族も軍人化することが定められました。血族である皇族はそもそも朝廷にいた人々であって、近世以前も武人ではなかったのですが、彼らを軍人とすることで、象徴的ではあれ天皇を守る存在（藩屏）としたのでした。

一八八二年には軍人勅諭が提示されます。同勅諭では、忠節・礼儀・武勇・信義・質素といった軍人の守るべき心得が提唱されていますが、重要なポイントは「朕は汝等軍人の大元帥」という文言を提示したことにあります。すなわち、軍事を取り仕切る中心に軍事的指導者としての天皇が存在するのだということを示すためにこの軍人勅諭はつくられたのです。この文言は、そののち、ジャーゴンとして独り歩きすることになります。

社会福祉事業

天皇の政治的な主体としてのありようはのちほど見るとして、社会福祉へのかかわりも見のがせません。最近では東日本大震災、熊本地震など大きな災害の折に、被災地を訪れる天皇の姿を私たちはよく目にしました。近代天皇（制）においては、大きなダメージを受けた人々への救済を提示する天皇表象が存在します。ただし、そもそも天皇による弱者への救済は古代律令下にも存在していました。明治期においても、国民に対してある種の慈愛・慈恵を示す存在として、恩恵をもたらす存在としての天皇が、再度立ち上げなおされることになりました[3]。

一八七四年に発布された貧困対策、恤救規則においては、困窮者は、基本的には親族や、既存の近隣のコミュニティで救済するよう求められていました。ただし、支え合うことのできない窮民、「無告」の窮民の救済については国が支援することになっていましたが、その内容は不十分なものでした。これに対して、制度的な不十分さを補うかのように、天皇・皇后による私的な行動としての慈恵が提示されていきます。また日本赤十字社の前身である博愛社が一八七七年に西南戦争で活動を開始しようとしたときにその許可を与えたのが有栖川宮熾仁親王であり、一九一二年には当時の貞明皇后から下賜金を与えられ、その後も名誉職に皇后・皇族が就任するなど、継続的に関係性を築いていきました。

天皇が地方を行幸した時に、その地域で貧しい人を助けている人を表彰する、苦しんでいる人たちを救済する施設、病院、孤児院、老人・障碍者や、災害時に行政へ下賜金を渡すといったことを、天皇の私的な行動として行なっていました。この下賜金は金額としては大した額ではありませんが、象徴的な意味をもたせたお金を下賜することによって、慈恵を行なう主体として天皇・皇后が存在するというイメージを社会に定着させていきました。また、天皇からの下賜金をもとに災害時支援の基金がつくられたりもするため、この基金は天皇からの下賜金をもとにして云々という言説が社会に広がることによって、天皇のありようが再度位置づけなおされていくという側面があります。

大日本帝国憲法と皇室典範

一八八九年に日本初の憲法、大日本帝国憲法（明治憲法）が公布されますが、この憲法において天皇はきわめて強力に位置づけられています。

そもそも大日本帝国憲法は、天皇の定めた憲法つまり欽定憲法として設定されているうえ、天皇を「国ノ元首ニシテ統治権ヲ総攬」する最高権限者と位置づける（第四条）とともに、「天皇ハ神聖ニシテ侵スヘカラス」とあるように神権的な君主（第三条）とします。同時に、政治的な決定にかかわるときには「此ノ憲法ノ条規ニヨリ之ヲ行フ」（第四条）立憲君主としてのありようを併合させる戦略が取られています。

この憲法というもの自体が国家の根幹となる法制度だとしたとき、そこにおいて天皇という存在が明確に提示されたことに意味があります。

明治憲法と軌を一にして、同じ一八八九年に皇室典範が制定されます。皇室典範とは、皇位継承をはじめ、結婚・摂政・皇族の地位について規定する法律です。皇室典範では当初永世皇族制が採られます。皇位継承が安定的になされていくためには、皇族の人数がある程度まで必要です。そこで、一度皇族になったら死ぬまで、かつ子々孫々まで皇族であるとしたのですが、のちに皇族の数が増えすぎたため、一九〇七年永世皇族制は廃止されました。

以上、天皇の表象、宗教的、軍事的、社会福祉的な主体、そして政治的な権威としての天皇のあり方について述べてきましたが、特権的存在として可視化される天皇が生まれたのが明治という時代でした。

3 戦後——主権者から象徴へ

天皇の地位は、第二次世界大戦後に大きく変化します。それを一言で言えば、「主権者から象徴へ」の変化です。

戦後憲法における天皇は、国の主権者ではなく、最高権限者でもなく、神権君主でも立憲君主でもなく、「象徴」ということになりました。

天皇の「人間宣言」

一九四六年の元日に、いわゆる人間宣言と呼ばれる「新日本建設に関する詔書」が提示され、そこで天皇が自らの神格を否定したうえ、天皇という地位を、国民との紐帯、国民とのつながりにおいてあるのだとして、再度語り直していきます。天皇と国民との関係は信頼と敬愛によって結ばれており、天皇は「現御神」ではないし、日本国民は世界を支配する運命をもった他に優越した民族ではない、と言います。天皇が神であるということは天皇の言葉によって否定されたのです。ただし、昭和天皇自身は自分は神ではないと自明化する反面、自分の祖先が神であったということについては否定的ではなかった、天皇の先祖に当たる人物が神話上の存在であったということについての意識は強固だったと言われています。

その後、一九四六年から一九五四年にかけて、昭和天皇は戦後巡幸というかたちで日本全国を自ら視察しました。当時はまだ天皇の戦争責任が問われていたので、この時期の行幸はリスクの高いものでしたが、これを行なうことによって、国民からの実質的承認が与えられます。東京から地方にやってきた天皇に対して、それを迎える地方の人々には基本的に歓迎ムードが醸成され、それによって天皇の戦争責任はほぼ不可視化されていきました。(4) その戦後巡幸のさなか、一九四七年に日本国憲法が制定され、皇室典範も改正されます。

日本国憲法の制定は、天皇の地位についての制度的根拠の変更を意味します。日本国憲法による天皇の地位は、「象徴」という語彙によってあらわされました。この「象徴」という語彙はいったいなにを指すのかは、戦後から現在までの憲法学でさまざまに議論されています。

この「象徴」という語彙の曖昧さは、現在の天皇と皇族・皇室、そして天皇（制）にとって最大の強みであろうと私は考えています。つまり、意味を確定することの困難なものほど、その実体を見えにくくするものはありません。それ自体を不可視化していくこと、いわば「ゆるふわ天皇制」とでもいうべきものが「象徴」という語彙の曖昧さによってつくりだされました。その「ゆるふわ」さがもっている強さについては、以後の数章で見ていくこととします。

ミッチー・ブーム

さて、新憲法と皇室典範によって、天皇の地位は保証されましたが、その一方で、皇族の規定が変更されることにより、一一宮家五一皇族の皇籍離脱がなされ、これにより、戦後の皇室のあり方がほぼ確定したと言えます。

その後の天皇(制)表象を考える上で重要なのは一九五九年に、現在は上皇后となった正田美智子さんが、のちに平成の天皇となる明仁皇太子と結婚する際に前後して生起した、ミッチー・ブームと呼ばれる大衆的流行現象です。このミッチー・ブームの前提には皇室典範に定められていた皇族の婚姻の規定があります。

旧皇室典範の制度においては、男性皇族の結婚相手がかなり限られていました。男性皇族は旧公家や旧大名家のような華族や維新の功労者といった家柄からしか妻を迎えられないことになっていました。実は、この規定には抜け道があって、例えば、秩父宮(昭和天皇の弟)の妻のケースがあります。彼女の実家は会津松平家(旧大名家)でしたが、父親の松平恒雄(のちの参議院議長)には爵位がなく華族ではありませんでした。そこで彼女をその伯父にあたる松平保男(子爵)の養女として、形式的に華族身分を得させて皇室典範のハードルをクリアしました。こうした実質的な抜け道はあったのですが、基本的に男性皇族の妃は華族から迎えるシステムになっていました。ところが、一九五九年の明仁皇太子の結婚では、日清製粉の社長令嬢だった美智子さんが、かつての平民から皇太子の妃に迎えられたため、社会はこれを肯定的にとらえ、ミッチー・ブームが沸き起こったのでした。

戦後の皇室をとらえるうえで、この出来事が「ミッチー・ブーム」と呼ばれたことに意味があります。皇太子妃となった美智子さんのニック・ネームが「ミッチー」であったことから、彼女への関心の社会的な沸騰状況を「ミッチー・ブーム」と呼んだわけで、後に天皇となる皇太子本人よりもその配偶者を優先的にメディアで取り扱っていたことは画期的といっていいでしょう。[5] また、このブームは背景にマスメディアが、しかも、週刊誌やテレビといった当時のメディア状況がなければ成立しえないものであったことを考えると、大衆的な天皇（制）の成立を示す一つの契機であると言えます。[6] それはいまの日本社会においてもある程度は継続しているといえます。

〈注〉

（1）藤田覚『幕末の天皇』講談社メチエ、一九九四。以下、近世期の天皇・朝廷については同書のほか、小田部雄次『天皇・皇室を知る事典』（東京堂出版、二〇〇七）に依っている。

（2）宮城県公文書館所蔵史料『自明治二十年至同四十三年　皇室』。

（3）『天皇制慈恵主義の成立』学文社、二〇一〇。

（4）戦後巡幸をめぐっては坂本孝治郎『象徴天皇制へのパフォーマンス』（山川出版社、一九八九）、瀬畑源「象徴天皇制における行幸」（河西秀哉編『戦後史の中の象徴天皇制』吉田書店、二〇一三）等を参照のこと。

（5）但し、このような将来皇后となる人物へのクローズアップは、戦前から存在していたことも見逃せない。茂木謙之介「改元の暴くもの」（『足利大学研究集録』第五四集、二〇一九）を参照のこと。

（6）「ミッチー・ブーム」については石田あゆう『ミッチー・ブーム』（文春新書、二〇〇六）を参照。

第二章　近代天皇像の形成と維持

1　天皇・皇后像の創造

本章では、近代天皇のイメージがどのように形成・維持されたのかについての概略を見ていきます。前章で述べたように、近世から近代にかけて天皇の位置づけは激変しました。近世では京都という一地方とその周辺にとどまり、具体性を伴っていなかった天皇についての認知が、明治以降はほぼ全国レベルで広がります。しかもその位置づけ自体も、単に京都という一地方における崇敬対象であったり、京都とその周辺に限られた影響力をもつ政治的主体としてではなく、国家全体の最高権力者として、しかも神権的君主と立憲的君主の性格を併存させるという、さまざまな権威と権力の集中した存在へと転換されました。こうした天皇像の激変はいかにして生成されていったのでしょうか。

います。

天皇像の創造

安丸良夫は『近代天皇像の形成』（岩波書店、一九九二）で、近世、特に一八世紀後半から一九世紀後半にかけての日本の宗教的な動向を検討しつつ、天皇という存在自体の内実とでもいうべきものを明らかにしています。安丸は近世までの天皇のあり方を、近代を論じる際に逆照的に提示しています。

天皇の至高の権力性を正面に掲げるといっても、それがおしろいにまゆずみの一五歳の生身の少年に相応しくないことは言うまでもない。天皇の権威は、個人カリスマとしては不在だから、伝統カリスマとして根拠づけられる必要があり、そのためには天照大神以来の聖性の継承や祭政一致を通して、天皇神権的権威性が強調されなければならなかった。

即位したての明治天皇はまだ一五歳の少年で、白粉で顔を白く塗り、そり落とした眉の位置に眉墨で小さな丸を描くという当時の宮中の伝統的なビジュアルを身にまとっていました。こうした天皇の姿は、宮中の人以外は知らないし、もちろん特段の政治的能力が一五歳の少年にあるわけではありません。よって個人としての能力をもって権威者として君臨することはきわめて困難です。そのために、安丸のいう「伝統カリスマ」、アマテラス以来の聖性の継承、祭政一致といった宗教的権威としてのあり方がもちだされました。

天皇を宗教的権威としてもちだすと同時に、それだけでは処理できないものがあることを明治政府の要人たちは気づいていました。そこで明治政府は次の二つの動向をもって、近代天皇像の内実をつくりあげようとしていたのではないかと安丸は指摘しています。

①科学や技術、「自由」、「権利」の観念を含んだ「啓蒙」的な権威

②天皇の神権的権威性を中心に据えた神道国教主義の展開

それまではヨーロッパにしか存在しなかった、先進的な、しかも旧来の封建的な秩序を破たんさせるものとして呼び込まれてきた近代的価値観を体現し、その積極的な受容と宣伝を行なっていく啓蒙的な君主として天皇を捉えるという志向が一つ。

もう一つは、神権的権威性です。天皇を近代的な啓蒙的権威とすると同時に、天皇の神権的権威性を中心に据えた神道国教主義を展開することによって、近代天皇像が展開していったというのが安丸の見解であり、大枠ではそのまま受け取られるべきものだと言えます。

合理主義的な近代的な思考のもとに生成していく旧来の伝統的宗教的権威性という、初発の段階からある種の齟齬・矛盾をはらんだ存在として近代天皇像は生まれました。それを端的に表すものとして、教部省が一八七二年に国民教化政策の実施に際して、教導職に示した教化の基準である「三条の教則」があります。

第一条　敬神愛国ノ旨ヲ体スヘキ事

第二条　天理人道ヲ明ニスヘキ事
第三条　皇上ヲ奉戴シ朝旨ヲ遵守セシムヘキ事

第一条は神を敬い、国を愛すること。第二条の天の理、人の道には、合理主義的かつ科学的な思考も含まれると考えるのが順当です。第三条は天皇を奉り、天皇の意志を守り続けること。ここには安丸の挙げた①と②が含まれていると同時に、第三条はその二つを結びつけるものとして設定されていると考えることができます。

なお安丸は、地域秩序と「国権＝民権」型ナショナリズムを提示しています。地域社会における既存の力関係といったものに、天皇が呼び込まれていく。つまり、地域社会のエリートたちが天皇につき従う存在として自己を再編しはじめるわけです。それによって自らのありようを再度正統化しようとした。ここにも旧来の秩序を戦略的に再編しなおすことによって成立する新たな天皇権威のあり方を見ていくことができます。

翌一八七三年に刊行された加藤祐一『文明開化』（積玉圃、一八七三）には次のような文言があります。

爰にひとつ、不思議といはふか、妙といはふか、とんと名のつけ様のない霊物がござる、其の霊物が即ち神といふもので、是ばかりは形もなく声もなくして天地に充満してござるもので、

是を名付ければ天地の魂といふべきもので、則夫が神でござる

近代化の過程で啓蒙は必須です。しかし、啓蒙の例外として認めなければならないものが超越的存在＝神です。啓蒙の例外としての超越的存在＝神は、水戸学や国学のなかの「国体」論に端を発し、「万世一系」の超越性へと転換していくものと考えられます。このように明治の近代化においては、合理性・啓蒙と超越的な神格は、矛盾をはらんでいながらも同居していました。その両者を一身にもち合せた存在として天皇像が位置づけられていたと言えるでしょう。

科学や技術、「自由」や「権利」といった近代的観念の啓蒙の主体としての天皇と、伝統的カリスマとでもいうべき神権的権威をそなえた天皇、この二重の像はどのように成立していくのか。それらがいかに語られていったのか、つまり物語言説としての側面に着目していきます。

2　天皇の視覚化

近世の見えない天皇

これまでも述べてきたように、天皇という存在は、近代に入るまでは、基本的に人の目にふれることはありませんでした。大久保利通は「大坂遷都建白書」で、天皇がごく少数の公家たちをのぞけば、世間ではほとんど知られていない状況では、天皇を中心とした社会をつくろうとしてもうま

くいかないではないかと指摘し、天皇の居場所を「雲上」、すなわち雲の上、天皇を取り巻く公家たちを「雲上人」と呼び、天皇の顔を「龍顔」、天皇の身体を「玉体」といって地面を踏まないものとするように、あまりにも崇め奉りすぎたことで、必要以上に尊大高貴になってしまい、人々とのあいだの関係性が築けなくなるとして、これを「今日ノ弊習」と批判しています。(1)

民俗的存在としての天皇

近世の天皇は、人々と積極的に出会う機会はありませんでしたし、基本的に御所の外には出ないので、人々と天皇は隔絶されており、大久保が指摘したように人々と天皇の関係形成の回路はありませんでした。ただし、これは政治的な存在として天皇を位置づけようとした為政者の視点から言えることであって、同時に見逃してはならないのが、民俗的な存在としての天皇です。

民俗学者の宮田登は『生き神信仰』（塙書房、一九七〇）で、日本の一部地域に天皇信仰であるとか、皇子信仰が存在することを指摘します。例えば、木地師という、お椀などの木製品をつくる職能者がいます。木地師たちは、惟喬親王（文徳天皇の第一皇子）を自らの祖とする伝承をもっています。木地師たちは自分たちの墓に菊の紋章を彫ることをステータスシンボルとしていますが、これも自分たちは惟喬親王の末裔だという信仰によるものです。こうした伝承の真偽は措くとして、天皇に対する信仰心、皇子に対する信仰心が日本国内に存在していたことは確かです。

こうした天皇信仰・皇子信仰について宮田は、折口信夫らが提唱したマレビトへの民間信仰と複合して、天皇には「遊行神」としての性格があったのではないかと言います。ひとところにとどまることなくさまざまなところに移動する性格をもった神々をそのように呼びますが、天皇信仰における天皇たちにもこうした性格が設定されているのではないか、そうだとすれば、民間の天皇信仰を実質的に意味づけしていったのが、明治における明治天皇の全国行幸なのではないかというのです。実際、明治天皇が訪れた場所を、天皇の行在所と言って、例えば、天皇が休憩した部屋に注連縄をめぐらして聖域に変えることが行なわれています。これもマレビトへの信仰との複合的な志向なのではないかと宮田は言います。

また、民間で信仰された牛頭天王という神がいます。牛頭人身の像であらわされ、疱瘡の神（厄病除けの神）として祇園社（現在は多くは八坂神社）に祀られていました。宮田は「テンノウ」という音が通じているため、この牛頭天王と天皇とが混同され、民間信仰の神とされたとも指摘しています。

もう少し実質的な例としては、先に述べた天明の飢饉時の「御所千度参り」もまさにこうした民間信仰としての天皇信仰にほかなりません。御所に賽銭を投げて拝めば幸運に恵まれる（あるいは災厄からまぬがれられる）だろうと期待されたということは、天皇はなんらかの超常的な力をもつ超越的存在として想定されていたはずです。

超越的存在としての天皇像は、政治的な権力者としての天皇像とは単純に重なりません。民間信仰における神としての天皇と、政治権力の主体としての天皇、明治政府はそれらをどのようにつなぎあわせ、意味づけをしたのでしょうか。

近代の見える天皇

一八六八年前後から錦絵に天皇が登場しはじめます。このころの天皇の描かれ方は二様です。一つは、人々のかつぐ輿に乗り東京に向かって移動している天皇について、天皇が乗っている輿という乗り物だけを描くものです。もう一つは、大昔の朝廷の人々の一人として描くというものです。いずれもきわめて伝統的なスタイルで天皇を描いているのですが、直接的に天皇を描き出してはいません。

そもそも錦絵とは、社会風刺や政治批判をする戯作的要素をもつ性格のメディアでしたから、その手法も戯作的でした。戯作的というのは、例えば『仮名手本忠臣蔵』で使われたような手法です。『忠臣蔵』は元禄期に実際にあった赤穂浪士による吉良邸討ち入り事件（赤穂事件）に取材した芝居（人形浄瑠璃・歌舞伎）ですが、江戸時代には、同時代に実際にあった事件をそのまま描くことは幕府により禁じられていました。それも政治がらみの事件ではなおさらです。そこで、当時の浄瑠璃作者（劇作家）たちは、元禄時代の仇討ちを、南北朝の動乱を描いた軍記物語『太平記』の登場人物に仮託して事件を描きました。時代も人物名も変りますが、芝居を見る江戸時代の人々には、物語内の足利家執事の高師直が幕府高家筆頭の吉良上野介を指していて、塩冶家家老の大星由良助が赤穂浅野家家老の大石内蔵助を指していることはわかっていました。錦絵の絵師たちもこれと同じ手法を用いました。つまり「これが天皇だ」と名指さずに、見た人がそれとなくわかるように描くという、江戸文化のリテラシーに依存した表現が採用されていたのです。

錦絵作者たちは伝統的表現による黙示的天皇像を形成することで、権力による規制の網の目をかいくぐる表現をしたのですが、ただそれは明治政府のねらいとはややずれていました。明治政府、具体的には大久保利通らの戦略は、旧幕府時代のようにただ権力者を描くことを禁ずるという方向ではなかったのです。

大久保らの戦略については、多木浩二が次のように指摘しています。

　大久保らの考えていた天皇の視覚化は、権力を見せる、あるいは臣下に見ることを要求することによって権力を維持する限りでは、西欧の絶対主義の政治技術によく似ていたのである。このタイプの政治技術はルイ十四世の宮廷に典型的にあらわれていた。彼は就寝や起床まで儀礼化して自分の生きた身体を一種の呪物に変えるほど、臣下に自分を見ることを強制し、同時に王の身体に近づける度合いを特権として身分化し、この二つの手段で貴族をしばりつけてその欲望を操作し、権力を維持したのである。(2)

つまり、フランス王ルイ一四世がしていたのは、権力者の姿を、それをじかに見ることができるのは名誉なことだと意味づけ、また、見られる主体としての権力者の姿を儀礼化することにより、その身体（像）の価値を高めていくという戦略です。この戦略を日本に取り込んだのが大久保利通だったのではないかと多木は指摘しているのです。

3　表象の生成と維持

見える天皇、見せる天皇像の生成と維持にはいろいろな側面がありますが、注目したいのは、行幸啓（外出という契機）と肖像（カノンの流通）と不敬罪（規格外の排除）の三つです。この三項目については、後の章でそれぞれとりあげますので、この章では、その他の天皇をめぐる表象として重要なもののいくつかを挙げ、それらがどのように天皇の表象を意味づけていったのかを見ていきます。

菊花紋章

天皇、皇族たちの紋章として、菊の花をデザインした、いわゆる菊の御紋と呼ばれる紋章があります。それまで菊花紋は提灯・陶器・着物などに気軽に民間で使われていましたが、明治に入る直前の一八六八年三月に、新政府が「御紋」の私的使用を禁止します。その五カ月後の一八六八年八月に、親王家の用いる菊花紋の花弁を一四、一五枚以下のデザインか、もしくは裏菊を利用するよう通達します。これは（天皇の使う）一六弁菊花紋（図2‐1）の特権化です。以後、十六弁菊花紋は、伊勢・八幡・上賀茂・下賀茂以外の神社、泉涌寺・般舟院以外の寺院では使用を禁止されます。一八七一年六月になると、由緒の有無にかかわらず、皇族のほか一部の社寺を除き使用が禁止されます。親王家以下の皇族共通の紋章として十四弁一重裏菊が指定されます。

　さらに似かよったデザイン、紛らわしいものも取り締まりの対象とされました。これは似たもの、紛らわしいものを禁ずることにより菊花紋の特権性を高めるための施策です。江戸の民衆は、戯作などを通じて、まがいものを積極的に流通させることによって、特権性を破たんさせるということをかなり戦略的に行なっていましたが、それを明治政府は厳格に取り締まっていきます。一八八九年三月に意匠法（意匠条例）・商標法が公布されますが、登録を認めない対象の第一として「菊花御紋章」が挙げられています。

　一九〇〇年八月には内務省による「菊御紋章」禁制に関する基準がつくられ、禁制にふれるものについては行政執行法による処分がなされることになり、のちの昭和期には、菊御紋章類似図形取締り内規（一九二九年）が設けられ、似ているだけでも禁止すると厳密化されていきます[3]。

　明治政府はこれらの施策によって、菊花紋を天皇の表象として特権化し、そのデザインを占有することの意味

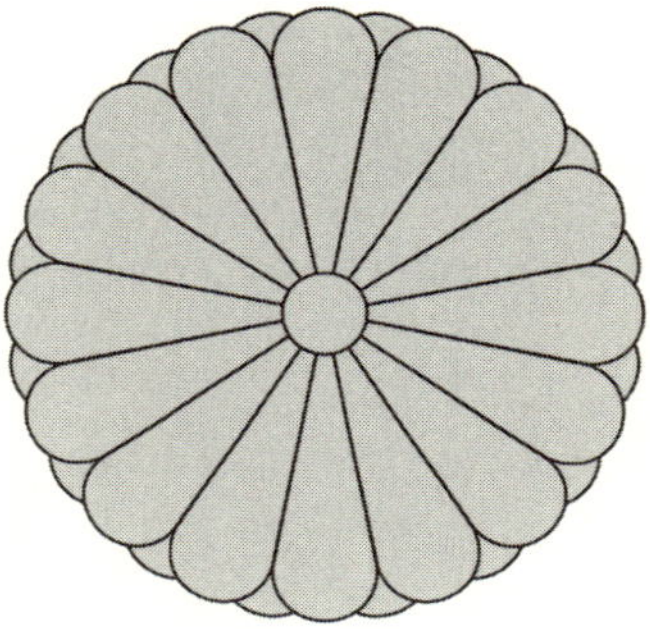

図2-1　十六弁菊花紋

を強固なものとしていきます。ちなみに現在、靖国神社のお土産店に行けば菊花紋をつけたライターなどが売られていますが、そうしたものが売られるようになったのは戦後からです。同じことを戦前にしたら法に触れる行為として取り締まられました。仮に菊花紋の私的使用者にとってそのデザインへの愛着がどれほど深かろうが、それを国家が肯定することはありえませんでした。菊花紋の取締りは、国家の指定した特権的価値への容易な接近を許さないことにポイントがあるのです。菊花錦絵に描かれたように、明治期の民衆には、天皇の姿を見たい、表象したいという欲望がありました。それらの欲望が満たされないことにひとつの意味を見出していくことができます。

宮中行事・宮中祭祀

現在の天皇の権威性を称揚したがる人々が往々にして口にすることに宮中祭祀があります。そういった人々は天皇という存在が祈る主体としてあることそれ自体を肯定的にとらえ、それが天皇の伝統的・宗教的権威を支えるものだとしますが、しかし、宮中で行なわれる数多くの儀礼が近代的な生成物であることは確認しておくべきことです。

先に述べたように光格天皇は近世宮廷における宮中祭祀を復興しましたが、この宮中祭祀は近代初期においてはかなり削減されます。一八六九年一一月、太政官制度局が「年中祭儀節会大略」を発表します。これは宮中祭祀から削減する行事のガイドラインを示したもので、その主な内容は次の六項目です。

①実行不能のもの、仏教関係、陰陽道関連は省略。
これは、神道国教化が展開していくなかで仏教や陰陽道を排斥し、神道系を特権化することを目的としていました。
②祭祀は旧儀によるが、宮中で「親祭」するものとする。
つまり、宮中の外で行なわれる祭祀は排除されます。賀茂祭などの臨時祭は停止され、春日祭・大野原祭・吉田祭が年一回、しかも天皇に直接かかわらないかたちになります。これは神道系であっても、天皇と既存の宗教施設との関係を切断するということを目的としていました。
③大儀であった元日・白馬・踏歌（近世の復活）の節会は元日・天長・豊明の三節会とする。
大儀と呼ばれたこれらの儀式は、唐代の中国大陸から日本に伝わったものでした。それを日本化するかたちで再編されます。
④節句は内々を基本とする。
内々というのは、公けにする行事としてではなく、天皇家の内輪で私的にやるようにということです。
⑤「孝道ハ人倫ノ大本」であるため、神武天皇・孝明天皇の忌日には新儀を設ける。
神武天皇は天皇家の始まりとして設定された人物で、孝明天皇は明治天皇の父親にあたりますから、その忌日に祭祀が新設されます。
⑥他は内々か、廃止。

つまり基本的に祭祀は重視し、重要なものは親祭といって天皇の代理によるのではなく天皇が直接行なう、神武天皇祭・孝明天皇祭という天皇を神格化するといった梃入れを行ないつつ、基本的には儀礼の「日本化」をはかるという方向で再編が図られたのです。

その後、一八七一年一〇月の「四時祭典定則」では、宮中祭祀の整備はかなり進みます。宮中祭祀は、天皇親祭の大祭（元日祭／神武天皇祭／皇大神宮遥拝／新嘗祭／孝明天皇祭）と、親王御手代（代理）大祭（孝明天皇を除く先帝三代式年正辰祭／祈年祭／月次祭）と、祭使派遣大祭（神宮神嘗祭／賀茂・氷川・熱田・男山・鹿島・香取各社の祭り／出雲・宇佐式年祭）とに整理されています。

一八七二年四月、八神と天神地祇が神祇官から賢所拝殿に移動します。同年一一月に両座を合祀して神殿と改称します。その結果、賢所（天照大神・神鏡）、皇霊殿（歴代天皇・皇族）、神殿（天神地祇）で構成される宮中三殿が成立します。宮中三殿の成立によって、そこで宮中祭祀と宮中行事を行なう祭祀者として天皇のありようが可視化されました。二〇一九年の改元に際して、新旧の両天皇がこの宮中三殿で種々の儀礼を行ない、それが遠まきで撮影、放映されていたのは記憶に新しいことと思います。

帝都東京

現在、天皇の住まう皇居という場所は、東京都千代田区にあります。皇居が置かれることによって、東京という場所もその意味づけが変化していきます。そもそも朝廷関係者にとっては、京都こそ意味のある場所でした。幕府が瓦解したあとに、いったん東京（旧江戸）はさびれます。その後、一八六八年に、東京をあらためて首都とする東京遷都がなされたのです。

ところが、その直後、一八七二年から天皇は六大巡幸（次章で詳説）と呼ばれる全国を巡る旅に出たため、東京は天皇不在の都になっていました。また一八七三年には大火による皇居焼失があり、以後一六年間にわたり、天皇は赤坂の仮皇居で暮らすことになります。さらに、一八八三年には、岩倉具視が「京都保存ニ関スル建議」という意見書で、京都の物理的・象徴的衰退に対する憂慮を表明、宮中儀礼の京都開催を要望します。

こうした流れに変化の兆しが見えるのは、一八八〇年代の皇居再建の動向です。皇居を中心とした都市計画が練られ、憲法発布と同時に皇居の完成を見せることにより、近代国家の基礎となる憲法と、皇居を中心とした都市としての新たな東京のスタートを切ろうという計画が進展していきます。

これによって皇居や東京という場を、天皇をめぐる視覚的な装置としてとらえ直すことが可能になります。例えば、一八八六年に青山練兵場が完成し、上野公園が宮内省管理になります。それらは実質的に国家儀礼の場として整備されていきます。特に青山練兵場は、天皇の姿が戦略的に提示される場としてつくりあげられます。

また一八八八年に皇居が再築されますが、その際には公的な部屋と私的な部屋とで違うデザインが採用されています。儀礼を行なったり、海外からの施設と面会したりする公的部屋は和洋折衷様式とし、天皇とその家族の住居である私的部屋は和風のデザインになりました。あわせて、皇居前広場を儀礼空間化しました[4]。

このように、都市を整備することと、その都市において天皇の姿を可視化し、天皇に関する事柄を想起させる場をつくりあげること、それが一八八〇年代に一挙に展開したのです。

国家儀礼

都市空間を整備することは、国家儀礼の壮麗化と結びついていきます。以下にいくつかトピックとなる出来事を見ていきます。

一八八九年に大日本帝国憲法の発布式典が催されます。日本全国で憲法発布の祝典が行なわれましたが、その中心的な儀式は東京で開催されました。このときはじめて、首都が国家の公的儀礼の舞台となったのです。憲法発布の儀式は、まず天皇が紀元節に古装束で賢所・皇霊殿で玉串奉奠をし、御告文で憲法発布を神々に報告します。こうして天皇の神権的性格を提示したあと、天皇は軍服に着替えて発布の勅語を黒田清隆（首相）に手渡します。これにより欽定憲法の側面が明示されます。

これらは場所と服装によって天皇という存在の二重的な性格を示すものです。そこで生きてくるのが、多木浩二が指摘した儀礼のヒエラルキー性です。つまりこうした式典は限られた人間のみ出席できるもので、ヒエラルキーの高い者は天皇を近くで見ることができ、ヒエラルキーの低い者は遠く、さらにはメディアでの報道によって知ることで自らの置かれたありようを認知するという構造が成立します。

その後に行なわれたのが青山練兵場での観兵式です。国民は皇居から青山練兵場に至る道中の夫婦同伴鹵簿（明治天皇夫妻の乗る馬車）を見に沿道に集まり、「君が代」と「紀元節の歌」を斉唱しました。これにより、国民が天皇という存在を認知するとともに、天皇を寿ぐという行為を通して規律を内面化するという権力の場が生成されていきました。

これらの儀礼について、一八九一年、矢野文雄（龍渓）による意見書が出されています。矢野は「皇室ノ尊厳ヲ人目ニ実ニスルハ宮廷ノ諸式ニ頼ラサルヲ得ス」として、儀礼をめぐる制度整備を提言しています（矢野文雄「宮廷ノ諸式ヲ制定シテ永世ノ定式ト公示相成り度キ議」）。矢野は西欧立憲君主制の調査結果を示しながら、それを活かすべきだと主張し、この提言はのちの大きな儀礼に適用されていきます。

一八九四年、銀婚式大祝典が行なわれました。天皇皇后結婚二五周年を祝う式典ですが、この二五周年を記念するという考え方は伝統的な東洋の式年の考え方とは違うもので、ヨーロッパ王室の動向を調査し、借用した結果として知られています。この式典はまず皇居内で儀礼を行なうのですが、もちろんそうした儀礼はこのときに新設されたものです。しかもその儀礼は秘匿され、神秘化がはかられています。その後、政府関係者・外国公使に謁見し、天皇夫妻がその姿を見せます。それから東京市内を行進し、青山練兵場で観兵式をします。この式典は後半で政府関係者・外国公使・国民に近代的夫婦像を提示すると同時に、前半の儀礼では宗教的な権威者としてのありようを提示しています。しかも、提示の仕方は、秘匿から、一部の特権者、最後に一般民衆というかたちで段階的に開かれていく、これによってヒエラルキーの再形成をしています。ちなみに、このときに日本初の記念切手が発行されており、儀礼がメディアを通して影響力を広げる側面もここにおいて見てとることができます。

一九〇〇年、嘉仁皇太子（後の大正天皇）結婚式が行なわれます。これが明治に創設された儀礼の、ほぼ完成形態と言ってもよいかと思います。この結婚式は、初の神前結婚式として知られています。神道式の結婚式はこのときに新たに始められたわけですが、それをあたかも古式ゆかしい式典であるかのように行なうことにより伝統を創出することがねらいでした。皇太子の結婚式を人々に喧伝し、かつ可視化して行なうのもヨーロッパ王室の模倣です。結婚式は、皇太子が青山御所から出発し、皇太子妃となる九条節子（後の貞明皇后）が九条邸から出発し、二人が宮城（皇居）で合流し婚儀をあげ、その後、二人は青山御所へ移動するという次第でした。この行程は、沿道に集まった群衆に二人の乗る馬車の列が見えるようにするためのもので、人々は皇太子の結婚を寿いだのでした。この結婚の際に、皇室婚嫁令が制定され、その儀礼自体も制度として整備されました。[5]

大日本帝国憲法

近代天皇像の形成に決定的な意味をもったものとして、大日本帝国憲法に言及しないわけにはいきません。一八八九年二月に布告された大日本帝国憲法では、冒頭の告文において「皇祖皇宗ノ神霊」（天皇の先祖たちの霊）に向けて説明をしています。これ自体が、統治権威の神権性を示すものです。

大日本帝国憲法の第一章は「天皇」と題されて、第一条から第十七条までがすべて天皇の規定です。このうち第十四条までを見ておきます。

第一条から第三条は、統治の正統性と神権性を天皇の血統において説明するものです。安丸良夫の言葉を借りれば「伝統カリスマ」としてのありようを示したものです。

大日本帝国憲法　第一章 天皇
第一條　大日本帝國ハ萬世一系ノ天皇之ヲ統治ス
第二條　皇位ハ皇室典範ノ定ムル所ニ依リ皇男子孫之ヲ繼承ス
第三條　天皇ハ神聖ニシテ侵スヘカラス

第一条は正統性の提示です。それまで連綿と続いてきた天皇家を「万世一系」と意味づけています。同時にここで注意しておくべきことは、その万世一系の初発の段階は「皇祖皇宗」であること、すなわち神々につらなるということが「万世一系」という言葉に込められているのです。天皇は神々の子孫として神権性をもつがゆえに統治を行なう正統性があるというレトリックが成立しています。

第二条は、万世一系に連なる男子にのみ皇位が継承されることが明示されます。

第三条は、天皇の不可侵性が示される有名な文言です。
第四条から第十条までは天皇の政治的権能を規定したものです。

第四條　天皇ハ國ノ元首ニシテ統治權ヲ總攬シ此ノ憲法ノ條規ニ依リ之ヲ行フ
第五條　天皇ハ帝國議會ノ協贊ヲ以テ立法權ヲ行フ
第六條　天皇ハ法律ヲ裁可シ其ノ公布及執行ヲ命ス
第七條　天皇ハ帝國議會ヲ召集シ其ノ開會閉會停會及衆議院ノ解散ヲ命ス
第八條　天皇ハ公共ノ安全ヲ保持シ又ハ其ノ災厄ヲ避クル爲緊急ノ必要ニ由リ帝國議會閉會ノ場合ニ於テ法律ニ代ルヘキ勅令ヲ發ス
此ノ勅令ハ次ノ會期ニ於テ帝國議會ニ提出スヘシ若議會ニ於テ承諾セサルトキハ政府ハ將來ニ向テ其ノ効力ヲ失フコトヲ公布スヘシ
第九條　天皇ハ法律ヲ執行スル爲ニ又ハ公共ノ安寧秩序ヲ保持シ及臣民ノ幸福ヲ增進スル爲ニ必要ナル命令ヲ發シ又ハ發セシム但シ命令ヲ以テ法律ヲ變更スルコトヲ得ス
第十條　天皇ハ行政各部ノ官制及文武官ノ俸給ヲ定メ及文武官ヲ任免ス但シ此ノ憲法又ハ他ノ法律ニ特例ヲ揭ケタルモノハ各〻其ノ條項ニ依ル

第四条で天皇の元首というあり方、統治権を総攬するというあり方が、きわめて特権的な存在であることを明示します。第五条から第十条までは、天皇が立法権、行政権等の政治的権能を一手に掌握することを明示しています。

そのうえで、やはり近代史を見るうえで、無視できないのは、第十一条から第十四条です。

第十一條　天皇ハ陸海軍ヲ統帥ス
第十二條　天皇ハ陸海軍ノ編制及常備兵額ヲ定ム
第十三條　天皇ハ戰ヲ宣シ和ヲ講シ及諸般ノ條約ヲ締結ス
第十四條　天皇ハ戒嚴ヲ宣告ス
　　戒嚴ノ要件及効力ハ法律ヲ以テ之ヲ定ム

これらは天皇の軍事関与権を提示します。これが天皇の統帥権と呼ばれるもので、軍部という存在が特権的なありようをもつのだという主張につながっていきます。

ここまでで、天皇の宗教性、政治性、軍事性が明確に示されています。これらだけを見ていくと、絶対主義的な王権を私たちは想定しがちです。しかし同時に、当時の明治国家には早急に近代化をしなければならないという要請がありました。なぜならば、不平等条約を改正していくために、欧米列強に対して日本が近代国家であることを示さなければならない状況にあったからです。そこで、この第一章に続く第二章からは臣民の権利と義務について規定しています。立憲主義にもとづいて、国民が権利と義務を有するという体裁が必要だったのです。
ここから憲法自体にちょっとした矛盾が生じます。絶対王権をもっているかのような天皇が設定されるかたわらで、臣民たちの権利・義務という近代的な規定がなされなければならない。しかも天皇という存在が、神権的・宗教的権威である反面、立憲君主として、しかも近代的な枠組みを理解した啓蒙的君主として存在しなければならない。このような矛盾が、明治憲法の構成自体にもある程度まで反映されているともいえます。こうした矛盾は、時代状況に左右されざるを得ないものでもありました。その錯綜した状況を次章以下で具体的に追っていきます。

〈注〉

（1）「大坂遷都建白書」『大久保利通文書』一八六八年一月二三日。
（2）多木浩二『天皇の肖像』岩波書店、一九八八。
（3）大日方純夫「近代天皇制と三つの花」『歴史評論』六〇二号、二〇〇〇年。
（4）皇居の変化については河西秀哉『皇居の近現代史』（吉川弘文館、二〇一五）を参照のこと。
（5）帝都東京と国家儀礼に関してはT・フジタニ『天皇のページェント——近代日本の歴史的民族誌から』日本放送協会、一九九四。

第三章　行幸啓・「御成」という契機

1　行幸啓・「御成」の性質

第二章で述べたように、近世の天皇はその生涯の大部分を京都の御所から外に出ずにすごしました。天皇の外出がいかにまれであったかというと、例えば幕末の一八六三年、攘夷祈願のために孝明天皇が賀茂社と石清水八幡宮へ参詣しますが、これは記録に残っている天皇の外出としては、一六二六年の後水尾天皇による二条城訪問以来、実に二三七年ぶりのことだったことからも理解できるでしょう。ところが、明治に入ると、天皇・皇族はしばしば外出し、ときには遠方に旅行するようにもなります。

天皇の外出を、「行幸」と言います（行く先が二か所以上にわたる場合は「巡幸」）。太皇太后、皇太后、皇后の三后、または皇太子、皇太子妃、皇太孫の外出は「行啓」と言います（行く先が二か所以上にわたる場合は「巡啓」）。行幸と行啓をあわせて行幸啓という場合もあります。それ以外の皇族の地域訪問は「御成」と呼ばれます。

六大巡幸で行なわれたこと

明治天皇は、一八七二年から八五年にかけて日本各地を巡幸しました。これを六大巡幸と呼びます。一八七二年に九州・西国、七六年に東北・北海道、七八年に北陸・東海道、八〇年に甲州・東山道、八一年に山形・秋田・北海道、八五年に山口・広島・岡山の計六回でほぼ日本全国を巡っています。当初は輿での移動が中心でしたが、馬車や船による移動、また限定的ですが、鉄道も利用するようになります。

六大巡幸の目的は、官公庁や工場の視察、軍事演習などでした。地方官公庁の視察では、地方官から報告書等が出され、それをもとに、訪れた土地の社会功労者の顕彰を行なうなど、地方行政にかかわることで政治的主体としての有り様を示すものです。工場を視察するのは、当時日本が目指していた殖産興業を奨励するという、産業の振興者としてのスタイルの提示であり、軍事に関しては、軍事演習を親閲することで、軍隊を総覧する軍事的指導者としての姿を提示するものといえます。

その一方で、「生き神」としての受容もなされていました。宮田登が『生き神信仰』（塙書房、一九七〇）で指摘していますが、天皇が歩いて踏んだ玉砂利をお守りにしたり、天皇の行在所《あんざいしょ》（天皇が外出したときの仮の御所）を聖なる場所と位置づけ、座った椅子を呪物化したり、石碑を建てて聖跡として扱うこともありました。極端な事例としては、天皇の排泄物を食べると病気が治るといわれたことがありました。このような俗信的な思考が入り込むことにより、天皇という存在を人々は認め、天皇は人々がそのように受容することを忌避はしない、ということを通して、先ほど述べたような立憲君主、軍事的指導者としての像と同時に神権的君主としての天皇像を、人々に示しそれに対する承認をお互いに与えていく関係が生れていきます。

政治的な主体、産業の振興者、軍事的指導者等々といった立憲君主としての像と同時に、神権的な君主としての様相とが、この六大巡幸で並立するような形で成り立っていたことがわかります。直接に人々とかかわる機会をとおして、天皇の姿が提示され、君主として相応しい有り様が喧伝される始まりを、この六大巡幸では見て取ることができます。

行幸啓研究の展開

行幸啓については先行研究がかなり展開しています。

多木浩二は、『天皇の肖像』（岩波書店、一九八八）で次のように述べています。

巡幸の立案者は、目に見える世界で示され得る威光の効果を狙ったわけである。具体的な政策として解決すべき問題を天皇と民衆の、視覚的コミュニケーションを通しての心理的関係に置き換えたのである。／この心理的作戦は功を奏した。巡幸にはいろいろなプログラムが組まれていたが、結局は天皇をまだ見たことのない地方の人びとが天皇を眼のあたりにすることに目的があった。実際、当時の辺境の民衆には天皇にたいする崇敬の念どころか、天皇にたいする関心すらまだいきわたってはいなかった。

つまり、巡幸によって権力を可視化していったということです。この視点は、その後の研究でもある程度受け継がれています。多木の場合は、行幸啓はその後「御真影」に変わっていったのだと指摘しています。

またT・フジタニは、『天皇のページェント——近代日本の歴史的民俗誌から』（日本放送協会、一九九四）で巡幸を国家儀礼の主要形態と捉えています。六大巡幸後、目立ったかたちでの行幸・巡幸は行なわれておらず、公的儀礼、具体的には一八八九年の憲法発布の式典以降、戦勝記念式や皇室の公的儀礼が代替していったのではないかと指摘しています。

一方で原武史は『可視化された帝国——近代日本の行幸啓』（みすず書房、二〇〇一）で、御真影の普及はそれほど早くはないと指摘するとともに、国家儀礼は不定期で行なわれるものであり、簡単に置き換わるものではないのではないかと言います。その後も、大正天皇が皇太子の時代に全国を巡ったり、陸軍大演習を中心として地方訪問、地方視察は行なわれているのだから、その行幸啓の意味はのちの時代でも失われておらず、視覚的に支配の主体、天皇という存在を意識させることで国民を臣民化していったのではないかと指摘しています。

私はこれら先行研究を引き継ぎ、特に多木と原の分析を組み合わせて、行幸啓や皇族の地域訪問である「御成」は、地域における天皇（制）の表象を創りあげる契機であったと捉えています（拙著『表象としての皇族』吉川弘文館、二〇一七）。その表象の生成によって国民国家を作り上げていった。そして、その表象はときに国民国家に亀裂を入れることもありえた（表象の生成による国民国家の生成と破断）と考えています。天皇（制）を表象の集積体をめぐるシステムとして考えたときに、どのようなタイミングでそのような表象は生れるのかといえば、それは行幸啓や「御成」といった人々の目の前に姿を現すその瞬間において生れると考えることができるのではないでしょうか。

2　「御成」——三弟宮の宮城県訪問

「御成」とは、天皇、太皇太后、皇太后、皇后、または皇太子、皇太子妃、皇太孫以外の皇族たちの外出のことを指します。まだ、学術用語として定着していませんので当時使われた言葉にカッコを付けて記述します。

一九〇八年の東宮、嘉仁《よしひと》皇太子（のちの大正天皇）の東北巡啓を比較対象として、昭和天皇の三人の弟の「御成」を見ていきます。彼らは近代日本で初めて生れた弟宮たちで、大正天皇の次男（淳宮、のち秩父宮）、三男（光宮、のち高松宮）、四男（澄宮、のち三笠宮）で、三直宮とも呼ばれます。三人は年の近い兄弟なので、一緒に行動することもたびたびありました。彼らは本書のキーパーソンなので、追ってもう少し詳しく紹介します。

これから見ていくのは、三直宮の宮城県への訪問です。宮城県の公文書館に保管されている公文書（「秘書・巡幸」関係書類）と『河北新報』等の新聞記事から、「御成」において県行政がどのように動いたのかを、行啓と比較することから見ていきたいと思います。また新聞資料を見ることで皇族がどのように見られていたかを確認したいと思います。

県行政組織の動き

まず、県行政の動きですが、皇太子の行啓は、宮内省、東宮職等から県行政機関に通達することによって始まります。「御成」の場合も、同様の皇室機関から県行政に通達する場合もありますが、県行政から訪問を要請する場合もあります。

一九〇八年の東宮巡啓の場合は、東宮職から巡啓の一カ月以上前に県に通達されました。日取りは決定されており、衛生面や拝謁する人々や献上品に関して行政機関に要請が行なわれ、特使が派遣され調整されていきます。

それに対して「御成」の場合は、一週間から三日前ぐらい前に宮内省や宮御殿から県に対して内示があります。日取りは県からの要望を取り入れるなど柔軟な対応をします。特使の派遣などはなく、事務方のやり取りで決められます。衛生面や拝謁、献上品に関しては、宮内省の事務官から連絡や要求があったりします。戦中期には、日取りは宮内省、陸海軍省から通達される形になります。

つまり、「御成」は巡啓と比較して、柔軟に展開する側面があり、地方における裁量の大きさがあること、準備期間がきわめて短いということが言えます。「御成」はいわば皇族側にとってぱっと実行可能なイベントなのです。こういった動向は、宮内省、東宮職、宮御殿や陸海軍省といった組織とのかかわりのなかで作り出されたものですが、それに対して、県行政での組織内部ではどのように動いていたかを見ていきます。

県行政組織内部局の編成と訪問先の決定

一九〇八年の東宮巡啓では、県組織に担当部局が設置されました。いまでも天皇、皇族の訪問の際には、人々が歓迎して迎え入れる姿がみられますが、戦前のこのイベントの際によく動員されたのは学校の子どもたちでした。学校以外にも、愛国婦人会や青年団、在郷軍人会といったある程度統制の容易なグループが沿道を取り囲むように配置されます。歓迎して迎え入れ、送りだす一連の行動を、「奉迎送」と言いますが、県は奉迎送を取り仕切る部局をつくり、動員された人々を管理していきます。東宮（皇太子）が泊まる施設の衛生管理のための人々を用意し、警察関係者を中心として警護部署をつくるとともに、新聞統制の係をつくり、メディア報道の規制をしていきます。そのうえで地域の学校や諸団体に通達がなされます。また、巡啓場所を県が提示し、東宮職が正式に決定します。

大正期から昭和戦前期の「御成」に関しては、部局の設置などは東宮巡啓に準拠しています。その際には県内部に通達が行なわれるとともに、訪問場所の決定については、県に多大な権限が与えられます。しかし戦中期になるとそれが変化し、行く場所はほとんど国が決定するようになります。

巡啓、「御成」の内容具体化

一九〇八年の東宮巡啓では、県側から別段、東宮職に要望などは伝えていませんが、大正期から昭和戦前期の「御成」の際には、県行政機関を通じて県内の団体や拝謁者に通達が行なわれました。県内の団体からの献上や訪問場所の要請を受理したり、献上品や拝謁に関して宮側に要望したり折衝したりしています。皇室と何らかの関係をもちたい人々が、この品を宮様に献上したい、うちの工場を視察してほしい、といった要望を出してきます。それを県行政機関が管理していきます。献上する行為が県の産業のブランド化に効果的に働く側面があります。なお、宮城県での献上品で多かったのが、県北で作っていたホームスパン（毛織物）と葡萄ジュースです。これらは継続的に献上されています。

県行政は「御成」でも県内の要望を宮側につたえる仲介者の役割を負っています。県内からの申請に規制を加える、選別者としての役割を負って「御成」のために機能していたといえます。

大正から昭和戦前期には、県の主体的な動きも見てとれますが、戦中期になると、内容に関しても国側で決定され、宮内省や陸海軍省の方針通りに運営されていきました。県の裁量は減り、国の決定を通達するのが県の主な仕事に変わります。

新聞報道における表象――「地域振興の推進者」「軍事的指導者」「権威の主体」

地方を訪れた皇族たちが、どのようなかたちで表象されたのか、新聞報道に添って見てみます。基本的には、地域振興の推進者としてのあり方、軍事的指導者としてのあり方、権威の主体としてのあり方――これはいわゆる宗教的存在と言い換えてもいいかもしれません――を見ていきます。

大正、昭和戦前・戦中期の「御成」について、表3‐1（次頁）に動向をまとめました。「御成」の目的は、一九一六年七月と一九二一年八月は見学（淳宮・高松宮）、一九三〇年九月は松島遊覧（秩父宮と同妃）ですが、一九三五年に七月には軍事演習の視察と東北大の金属材料研究所視察（秩父宮）、一九三五年八月には、高松宮が軍服で金華山を訪問、一九三六年一二月軍服での地方視察（秩父宮と同妃）、一九三七年三月、軍事演習視察（三笠宮）というように変わっていきます。訪問時の服装に関しては、一九一六年、一九三〇年の「御成」では、大学の制服や平服で訪れています。訪れる場所は、軍事関係ですと青葉城址近辺、そのほかはいわゆる観光地、それと学校、工業製品の陳列所や図書館です。

地域振興の推進者（政治経済的存在）としては、東京朝日新聞の報道があります（「簀立の捕魚台覧　両皇子松島行啓」『東京朝日新聞』一九一六年七月一九日）。生け簀に捉えられた魚を淳宮と高松宮が見たという記事です。塩釜神社への「御成」、漁業組合の簀立による捕魚の台覧に「御感興を催すようす、松島の写真撮影、築港の台覧、瑞巌寺への「御成」とあり、一九〇八年の東宮巡啓でも

訪問場所	宿泊場所	イベント
（仙台）青葉城址、陸軍射的及び爆破演習、物産陳列所図書館（成績品陳列）、山砲兵第一大隊、（塩釜）塩釜神社、（松島）瑞巌寺	階行社	奉迎送、拝謁、御機嫌伺、提灯行列、花火、流鏑馬
仙台駅	なし	奉迎送、拝謁、御機嫌伺
（松島）海岸、五大堂、瑞巌寺、観瀾亭、雄島、大高森、（塩釜）魚市場	松島パークホテル	提灯行列、奉迎送、拝謁、御機嫌伺
陸軍王城寺ヶ原演習場、東北帝国大学金属材料研究所	なし	奉迎送、拝謁、御機嫌伺
金華山、石巻港	なし（当初松島パークホテルを予定）	奉迎送
工芸指導所、東北帝国大学電気通信研究所、宮城県工業試験場、宮城県庁	勝山館（伯庸閣から変更）	奉迎送、拝謁
王城寺ヶ原	伯庸閣	奉迎送、拝謁

（筆者作成）

見られる現象です。これは、一つには皇子たちの教育という側面があると同時に、天皇の「産業と学芸の振興者」としての機能を補完する姿として表象されています。

また軍事的指導者（軍事的存在）としては、軍事演習への参加がそれにあたります。皇族たちは基本的に成人すると軍人になることがきまっているので、軍服での移動が中心になります。時代が下がるごとにその様相は強まっていきます。皇族たちが成人して軍籍に入り軍事関連の地方訪問が増加したことが影響していますが、時代背景に対応している部分も大きいのではないかと思います。軍事的指導者としての昭和天皇のあり方を補完する役割があったといえます。

表3-1　大正、昭和戦前・中期直宮による宮城県「御成」一覧

年月	皇族名	目的	服装
1916年7月	淳宮高松宮	見学	制服（学習院）
1921年8月	淳宮高松宮	見学	軍服
1930年9月	秩父宮同妃	松島遊覧	平服
1935年7月	秩父宮	軍事演習視察・東北帝国大学金属材料研究所視察	不明
1935年8月	高松宮	金華山訪問	軍服
1936年12月	秩父宮同妃	地方視察	軍服
1937年3月	三笠宮	軍事演習視察	軍服

明治期に徹底して作り上げられた、宗教的存在としての権威ある皇族という姿も見逃せません。その点で面白い記事が『河北新報』に載っています。

霊島金華山御視察の高松宮殿下に扈従頂上を極めた黄金山神社奥海社司は恐懼感激して語る／殿下の御快活と御健脚更らに平民的な御態度には恐懼のほかはありません　それに種種御下問に接し感激の至りです　今や金華山は殿下の御来訪に一段の霊光を発しました。（「殿下の御来訪に　一段の霊光　黄金山神社奥海社司謹話」『河北新報』一九三五年九月一日朝刊。傍点＝引用者）

最初の傍点部分を見ると、高松宮は快活で健脚で平民的だとされています。平民的な態度とは、人々との間に身分的な差をみせないということです。高松宮が平民的なスタイルの様相を示しているにもかかわらず、二つ目の傍点部分では、彼が訪れた金華山は一段と霊光を発するとあります。これは、具体的な事象を示しているのではなく、訪れたことの光栄を「霊光」という言葉に置きかえて表現しているのです。そもそも、金華山は聖地として扱われており、その聖地によりいっそうの宗教的意味合いを付与する存在として、高松宮という皇族を捉えていると考えられます。

この記事はわずか二行の間に、人間としての平民的なあり方と、人間を超越した霊的な力をもつ存在としてのあり方を同列に提示しています。本来矛盾する二つのあり方が、一人の身体に併存している状態について、違和感がないことこそが捉えるべき問題です。その背景には、「盛徳」というものが想定されていると考えられます。天皇に血縁が近い存在であるがために、「盛徳」ある権威的存在として描き出されるわけです。

皇族という存在が、宗教的権威であると同時に、天皇や皇太子に比べて庶民的で親しみやすいという両義的性格をもっていることには注意が必要です。これは、天皇という存在とは少々差異化して捉えなければならないものです。天皇は、啓蒙的な立憲君主としての性格をもちつつ、伝統的なカリスマに裏打ちされた神権的君主としての性格を併存させなければなりませんでした。そこに登場した近代で初めての天皇の弟たちという存在は、また別のレベルから考えなければならないのではないかと思われます。

「御成」の性格

「御成」は大正期から昭和戦前期にかけてかなり自由裁量の高いイベントとして成立していたと考えられます。

行幸啓が、国家機関の裁量が非常に大きく、国家行事としての側面が強かったのに対して、「御成」に関しては明文化された規定はなく、また短い準備期間で来訪することが可能なイベントでした。また大正から昭和戦前期には、平服を着用したラフな訪問が行なわれていました。こうした「御成」には、県側の裁量や地域社会の要望が通りやすかったようなのです。

それが戦中期になると、服装が軍服だけになり、軍事演習やそれに付随するイベントが多数出てきます。県のかかわり方についても国側からの規制が強固に出てくることが見てとれます。そこには、天皇（制）の階層構造が明確化していることが見てとれます。皇族や皇太子が訪れた地域では、地域の人々が動員され、天皇をめぐる身分的な秩序が再構成される状況も生れていきます。国家の内部における社会構成、身分的なヒエラルキー、階層構造を明確化するイベントとして「御成」、行幸啓を捉えることができると言えます。可視化された天皇という存在を、その地域の統合をいくども繰り返す出来事として、行幸啓や「御成」を捉えていけるのではないかと思います。

第四章　〈御真影〉という装置

1　天皇・皇后図像の生成

天皇図像の生成

天皇・皇后図像は、そもそも元首の写真を交換するという外交儀礼上の要請によって撮影されたものでした。

まず、二枚の写真が撮られました。図4‐1は、一八七二年に内田九一によって撮影された束帯姿の明治天皇です。少し身体を斜めにして、視線をまっすぐ前に向けて写っています。図4‐2は直衣姿です。これも日本の伝統衣装に身を包む姿です。

これらの写真のなかの天皇の左手に小さな台があります。当時のヨーロッパでは貴族たちの写真を撮る際に、脇にテーブルを置くことが多く、この明治天皇の左にある台は、その翻訳なのではないかと言われています。[1] 写真を撮るという新技術を取り入れる際に、テーブルを置くという文化も

図4-1　束帯姿の明治天皇
（『明治天皇御伝』金尾文淵堂、1912）

図4-2　直衣姿の明治天皇

取り入れた可能性が高いというのです。これらの写真は、外交上の必要から作り出されたものでしたが、翌年一八七三年六月、奈良県庁を始めとして、位の高い役人たちにも下付されていきます。

それが変わるのが、一八七三年一〇月に撮影された軍服姿の明治天皇の写真です（図4-3）。明治天皇は同年四月に洋式の髪型に変え、六月に正装を軍服としています。これを内田九一が撮影した姿になります。『明治天皇紀』に次のように書かれています。

「各国帝王の服制を斟酌して御軍服の制を定め、尋いで其の略服を制せらる、其の制の概要は、正略共に上衣は黒絨にしてジャケット製、竪襟、袴は白絨、帽は船形なり、但し正服の刺繍は金線にして略服は黒糸、正帽には白駝鳥の羽毛を、略帽には黒駝鳥の羽毛を附す。」（『明治天皇紀』）

これは、正装の上着、ズボン、帽子のデザインについて書かれています。

正装の服装に軍服が選ばれた理由としては、「徴兵告諭」というものを考えておかねばなりません。

我が朝上古の制、海内挙て兵ならざるはなし。有事の日、天子之れが元帥となり、丁壮兵役に堪ゆる者を募り、以て服さざるを征す。役を解き家に帰れば、農たり工たり又商賈たり。固より後世雙刀を帯び武士と称し、抗顔座食し、甚しきに至りては、人を殺し、官其の罪を問はざる者の如きに非ず。（太政官「徴兵告諭」）

図4-3　軍服姿の明治天皇
（『明治天皇御伝』1912）

ここで、古代から人々は兵隊であったというつくられた伝統が生成されています。すべての日本国民たちは兵隊である、有事のときは天皇が元帥であるとしていますから、軍隊を統べる者は天皇であるということが、天皇の制服を軍服にしたことの背景として考えられます。

しかし、この写真は脚を少し投げだしているのと、背もたれに寄りかかっており、リラックスしているようにみえるため、天皇の威厳を示

図4-4　軍服姿の明治天皇

図4-5　エマヌエーレ2世の肖像

す正式の御真影として機能しづらいところがあったので、一八八〇年に高橋由一《たかはしゆいち》という「鮭」の油絵で有名な洋画家が肖像画を制作します。写真の服装を元に描かれた肖像です（図４‐４）が背筋を伸ばして剣を杖のようにもっています。若桑みどりが『皇后の肖像』（筑摩書房、二〇〇一）で指摘していますが、イタリア絵画からの強い影響があるのではないかといわれています。若桑が挙げているのはイタリア国王ヴィットーリオ・エマヌエーレ二世の肖像（図４‐５）ですが、ほぼ構図が同じです。テーブルに手をついて、剣を杖にして、背筋を伸ばして直立しています。先行するヨーロッパ君主の肖像画のデザインを模倣する形で明治天皇の肖像が制作されていました。

　こうした過程を経て、完成形として知られているのが、一八八八年の明治天皇の御真影といわれるものです（図４‐６）。芝公園を行幸していた天皇をイタリア人画家キヨッソーネがこっそりスケッチして、それを肖像に描きかえたものをさらに写真撮影しています。それが明治天皇の御真影として決定的な図像として扱われることになっていきます。佐々木克は次のように述べています。

「御真影」は大日本帝国憲法発布の前の年に作成されている。憲法発布に合わせて作成されたと見てよいだろう。当時の日本は、憲法を持つことが近代国家の証しであり、それによって欧米近代諸国と肩を並べることができると認識していた。すなわち、まず第一に、「御真影」は立憲君主となった大元帥天皇を、近代国家日本のシンボルとして表徴しようとしたものだった。[2]

このあとに明治天皇の御真影は作られないのですが、その理由として、多木浩二は次のように指摘しています。「歴史の中で形成されながら超歴史的になることは、指導者の肖像の一般的な原理でもある。指導者の肖像は、精気に溢れ、威厳と優しさにみちたものがひとつできれば、それ以外には不要である。どんな国家にあっても、指導者の像はほとんど宗教的な図像（イコン）であって、彼の政治的人生の各時期の記録である必要はまったくない」[3]。威厳のある肖像がひとつあって、そこに宗教的な意味あいを付与することができるならそれで十分なのだということです。それに至るまでの模索を、それまでの数枚に見ることができると考えられます。多木はさらに次のように指摘しています。

図4-6　明治天皇の〈御真影〉（『明治天皇御伝』1912）

図4-7　キヨッソーネの写真（1888〔明治21〕年）

内田の写真では天皇は椅子に凭れているのにたいし、明治二十一年の写真では天皇は、椅子の背から身を起こし、背筋を真っ直ぐに伸ばしている。この垂直で、正面を向いた身体の姿勢は、古くからさまざまな民族文化で権力の姿勢であり、それが臣下に君臨する威厳を生み出してきた。（多木前掲、一九八八）

ただ、図4-6の肖像画は、こっそり写したスケッチを元にした絵でした。ですから顔は描けるとして身体はどうしたのでしょうか。ここで図4-7を見ていただきたいのですが、画家のキヨッソーネが、自分の身体に合う軍服を一着作って、一番望ましいスタイルで撮影して、それを元にモンタージュしたのです。勲章以外はほぼ同じなことが一目瞭然でしょう。このように周到に作り上げられたのがこの御真影だったわけです。

この図像が広範に流通することになり、のちの図像に大きな影響を与えます。軍服を身につけ、姿勢良く立ち、こちらを見ているという天皇の図像は、昭和天皇の肖像にも貫かれていきます（図

図4-8　「聖上皇后両陛下御真影」
（『アサヒグラフ』223号、1928年2月15日）

図4-9　『朝日新聞』（1941年7月19日）掲載の昭和天皇の騎乗写真

4-8、図4-9)。軍馬は普通茶色の馬ですが、特に昭和天皇は白馬に乗った姿が知られています。白馬に跨がって儀礼や演習を行なうことで他の将兵と差異化したり、天皇の神聖性をより強固に示していくのです。

2 図像の流通

明治初期の動向

こうした図像がどのように流通したかを見ていきたいと思います。

一八八二年八月、岩倉使節団による各国元首との写真交換が行なわれます。翌年一〇月に外交関係者・皇族・官立機関・政府関係者に束帯姿の天皇の図像が下付され、一一月には北海道開拓使に天皇・皇后の写真が下付されます。まず、北海道に下付されたことに注意を払っておきたいと思います。そこから範囲が拡大していき、それによって権威が明示されるとともに、写真を受け取った機関を天皇とつなげていくことが意図されています。

増野恵子は、写真の下付には一定のルールがあったと指摘しています(「聖と俗の天皇肖像」『天皇の美術史』第六巻、二〇一七)。各省庁と勅任官以上には大形、奏任官には中形を配布することが決められており、皇后に関しても同サイズしか下付してはいけないことになっていました。身分によって下付される写真のサイズが違うという状況が生れてきます。しかも下付は一回のみで、再度の下付は基本的にありませんでした。ただし、例外がいくつかあり、焼失した場合や、官位の変化によるサイズ変更の場合、そして経年劣化の場合――これはのちにルールとして成立しますが――劣化したものを置いておくことは品位を傷つけることになるので交換が可能だとしました。

　一回きりということは、適当なコピーを世の中に出回らせぬよう、正規品しか存在しないように配慮されていたということです。より大きい御真影を手に入れる人は身分が高い人ということから、ヒエラルキー化が図られ、また、限定的にしか配られませんから写真が神聖なものとして読み替えられていきます。

図4-10　「報知新聞 奥羽御巡幸図会」（福島県立博物館=蔵）

　とはいえそのルール下においてもやはり複製が出まわります。それに対し一八七四年、政府はそれを罰金刑を科して取り締まりました。

　図4‐10のような錦絵もあります。「奥羽御巡幸図会」とありますが、奥羽御巡幸は、前述した六大巡幸のうち東北を巡幸したときの図像として流通したもので、下郡郡を馬車に乗って移動中の天皇と、それに続く馬列を後ろか

図4-11　「皇国貴顕縉紳肖像」（1881年、石版筆彩）
（菰池佐千夫=蔵、町田市立国際版画美術館=提供）

ら描いています。これが天皇の図だと描かずに列だけを描いて、そこに天皇がいることを暗示しています。鳥居を通っていることからも、天皇の神聖性を暗示的に示していくものとして捉えられます。

このような絵が多かったのですが、それが一八七六年前後から変化していきます。「貴顕肖像」といわれる身分の高い人たちの肖像の石版画で流通したものです。図4‐11は「皇国貴顕縉紳肖像」とあります。中央はどう見ても明治天皇なのですが、単にこの国の身分の高い人の肖像だとされているだけで、天皇の図像だとは明示されていません。これは図4‐10と同じで、天皇本人を描いているわけではないという建前が成立します。このような肖像〝画〟の流通に対して写真の管理は厳密に行なわれました。(4)

しかし一八八九年以降、天皇図像が新聞等

のメディアでかなり掲載されるようになり、政府は段階的に追認していきます。『明治天皇紀』の一八九一年一一月二五日条には「聖上・皇太后・皇后の御肖像の販売は自今之を黙許すと、但し其の図様不体裁にして尊厳を涜すの嫌あるものは之を除かしめ、又御写真の複写販売は固より黙許の限にあらざるものと為す」とあるように、御真影の複写販売は絶対にダメだが、それ以外の天皇・皇后・皇族の図像は、不体裁や尊厳を汚すようなものでなければ、販売していいと、一八九一年前後には切り替わっています。同時代のメディアの発達によって大量の図像が流通し、それは防ぎようがなくなっていったのです。

図4-12　陸軍凱旋大観兵式の写真が入った絵葉書
（樋畑雪湖『日本絵葉書史潮』日本郵券倶楽部、1936：
［復刻版］岩崎美術社、1983）

図4‐12は、東京の青山練兵場に明治天皇が馬車で移動している写真を絵はがきに入れたもので、販売され人々の間に流通していたものです。また、時代は下りますが、新聞には、図4‐13のような写真が掲載され、昭和天皇の研究者としての姿が世の中に出回るなどもしました。

学校における下付

さて、「御真影」という言葉を私たちが耳にするとき

図4-13　研究者としての昭和天皇の写真
（『大阪朝日新聞』1926年1月1日）

に、図像がもっていた教育的意味合いを見ておかねばなりません。御真影自体が、教育現場において神聖視され、崇敬の対象として扱われていたことを軽く見ることはできません。

　一八八五年一二月に森有礼が文部大臣に就任しました。森は、国家祝日には学校儀式を行なうことを奨励します。「忠君愛国」の観念を涵養する方法として、御真影礼拝を学校儀礼のなかに取り入れることを考えます。御真影の下付は学校への強制ではなく、学校側が自発的に宮内省に願い出て、天皇側がそれを理解して下賜する、ということを想定しました。その想定の下、一八八七年に官立学校に限られていた下付が府県立学校に認められ、沖縄県尋常師範学校に天皇御真影が初めて下付されます。

　また天皇の写真が二番目に置かれた場所がどこだったかというと、一八七三年一一月の北海道開拓使でした。北海道も沖縄も、両方とも日本という国民国家における辺境です。国の周縁である場にかかる表象がかなり早期に提示されていくことの意味を考える必要があるでしょう。天皇本人が簡単には行けない場所を選び、そこに天皇の図像を配置することによって、国民国家の形成を行なっていく為政者の戦略を読み取ることができるのではないかと思います。

一八七三年バージョンの直衣姿の図像が、道府県立師範学校、尋常中学校に下付されていきます。その後、一八八九年一二月一九日付文部省総務局長通牒「高等小学校へ御真影下賜ノ件」で、「模範トナルヘキ優等ノ学校」へ下付すると意義づけられます。従来、この通牒によって普及が始まったと言われていましたが、最近の研究では、それは限定的ではないかと考えられています。文部省としては、それほど天皇の図像を出したかったわけではなかったものの、学校側が下付を要請する動向が出てくる。つまり森有礼が想定していた自発的な願い出がこの時期にはなされていくようになったのです。そうなると、図像が足りなくなってきます。そこで、地方長官の許可を得て市販されている図像を複写し、礼拝対象とする方法もとられます。公立尋常小学校で普及していくのは、一九〇八年以降と言われていますが、「教育勅語」と天皇の図像が厳重に保管され、学校行事でそれが礼拝されるものとなります[5]。

こうした、神聖なるものとしての御真影がある一方で、それ以外の図像がかなり広範に普及していく状況がありました。それを次節で見ていきたいと思います。

3　皇族図像の展開

ここで、『秩父宮両殿下御高徳録』（本多徳治編、東奥日報社、一九三七）という青森県の新聞社がつくった記念誌を紹介します。一九三五年から三六年にかけて、昭和天皇の弟の秩父宮が、青森県弘前市にある陸軍の部隊、陸軍歩兵三一連隊に地方在勤することになりました。当時の皇族は、基本的に軍人になることが義務付けられていたので、軍人としての任務を果たさなければなりませんでした。秩父宮は一年四カ月にわたって弘前に在勤し、任務が終わった後にそれを記念して発行されたのがこの『秩父宮両殿下御高徳録』です。

冒頭にある写真（図４‐14）には、秩父宮が軍服を着て正面を向いた直立不動の姿で写っています。この写真からは、御真影との構図的共通性が読み取れます。ここからは地域社会において、天皇と近しい存在として皇族を表象する動向を見て取ることができるでしょう。

図4-14　冒頭の秩父宮の写真
（『秩父宮両殿下御高徳録』、1937）

次の写真（図４‐15）は、軍の演習で秩父宮が地面に足をつけて地図をもって何か指示をしている写真です。軍隊の指揮者ですが、全体の統括ではなく、具体的な作戦活動に従事する姿です。天皇がもっていた象徴的な軍事指揮者としての姿ではなく、実際的な指導者になり得る存在として、皇族の姿が描かれています。

平服で農業試験場を夫婦で視察している写真もあります（図４‐16）。ここは、農業試験場という青森県にとって農業振興にか

図4-15　軍事演習で指揮を執る秩父宮

かわる場所です。産業振興の場所に秩父宮が承認を与えている、産業振興者としての皇族の姿を見ることができます。

もう一つ確認しておきたいのは、ここで展開されているジェンダーです。夫婦同伴で、二人とも当時の最先端のファッションで身を包んでいます。ヨーロッパ由来の近代的夫婦像として見ることができると同時に、皇族妃はほぼ必ず皇族の斜め後ろにいる。

図4-16　農業試験場を視察する秩父宮夫妻

図4-17　ねぷたを見学する秩父宮夫妻

図4-18　弘前城公園の橋を渡る秩父宮夫妻

開明的な夫婦像が示されつつ、ジェンダー的な差異は守られていくという側面があります。

次の写真は、夜にねぷたを見学する夫妻の写真で（図4-17）、伝統的な民俗行事を振興する姿を描き出しています。ねぷたは、八月中旬のお盆の少し前頃に行なわれる祭りですが、この写真が撮られたのは九月一四日です。本来この時期に行なわないねぷたを、皇族が訪れるときにあえて催した、つまり演じられた文化だったわけです。それと似通ったことが起きているのが、次の写真（図4-18）です。

秩父宮夫妻が弘前城公園の橋を渡っている写真ですが、これを撮ったのは、おそらく夏です。しかし、写真の背景に写っているのは満開の桜です。弘前城公園の桜は有名ですから、それを表現するためにモンタージュ写真にし、そうすることによってあたかも秩父宮夫妻が桜を観賞しているかのようにみせています。地域の文化を享受しそれを楽しむ皇族を描くことに成功しているわけですが、当時の撮影規範では天皇や皇族の写真を簡単に改変することはできませんから、これは微妙な行為です。

次の写真（図4-19）は、弘前女子中等学校の運動会を視察している秩父宮夫妻の写真ですが、同列で見ているはずの女子生徒たちをハイアングルで写し、秩父宮夫妻をローアングルで写しています。それによって、高い位置から女子生徒たちの体操風景を眺め承認を与える図像として描き出されています。運動会は健康の増進のためであり、こうした公衆衛生に承認を与えるあり方には、学芸の振興という側面とともに、社会規範を承認していくという側面も読み取ることができるのではないでしょうか。

図4-19　弘前女子中等学校で運動会を視察

また他にも弘前高等女学校を訪問している秩父宮妃の写真（図4-20）と、弘前高等学校を訪れる秩父宮の写真（図4-21）があります。男性しか通わない学校には男性皇族が、女性しか通わない学校には女性皇族が訪問し、学芸の振興に努めている姿

図4-20　弘前高等女学校を訪れた秩父宮妃

図4-21　弘前高等学校を訪れた秩父宮

を示しています。秩父宮が訪れた弘前高校では柔道をしているようすが写っています。柔道にはスポーツとしての側面と、国家にとって重要な軍隊における壮健な肉体をつくるという側面もあります。武道を視察しているというところを押えておきたいと思います。

図4-22は、秩父宮夫妻が赤十字病院を訪れた際の写真です。病院内で繃帯などをつくっている人たちを視察している場面です。ここに夫婦同伴で、しかも妃が右側に立って写っています。明治から現代にいたるまで、赤十字に積極的にかかわっているのは皇后で、社会福祉関連については女性が受けもつことが暗黙のルールとして成立しています。それに対してこの図像は、男性皇族がかかわる可能性が示唆されている

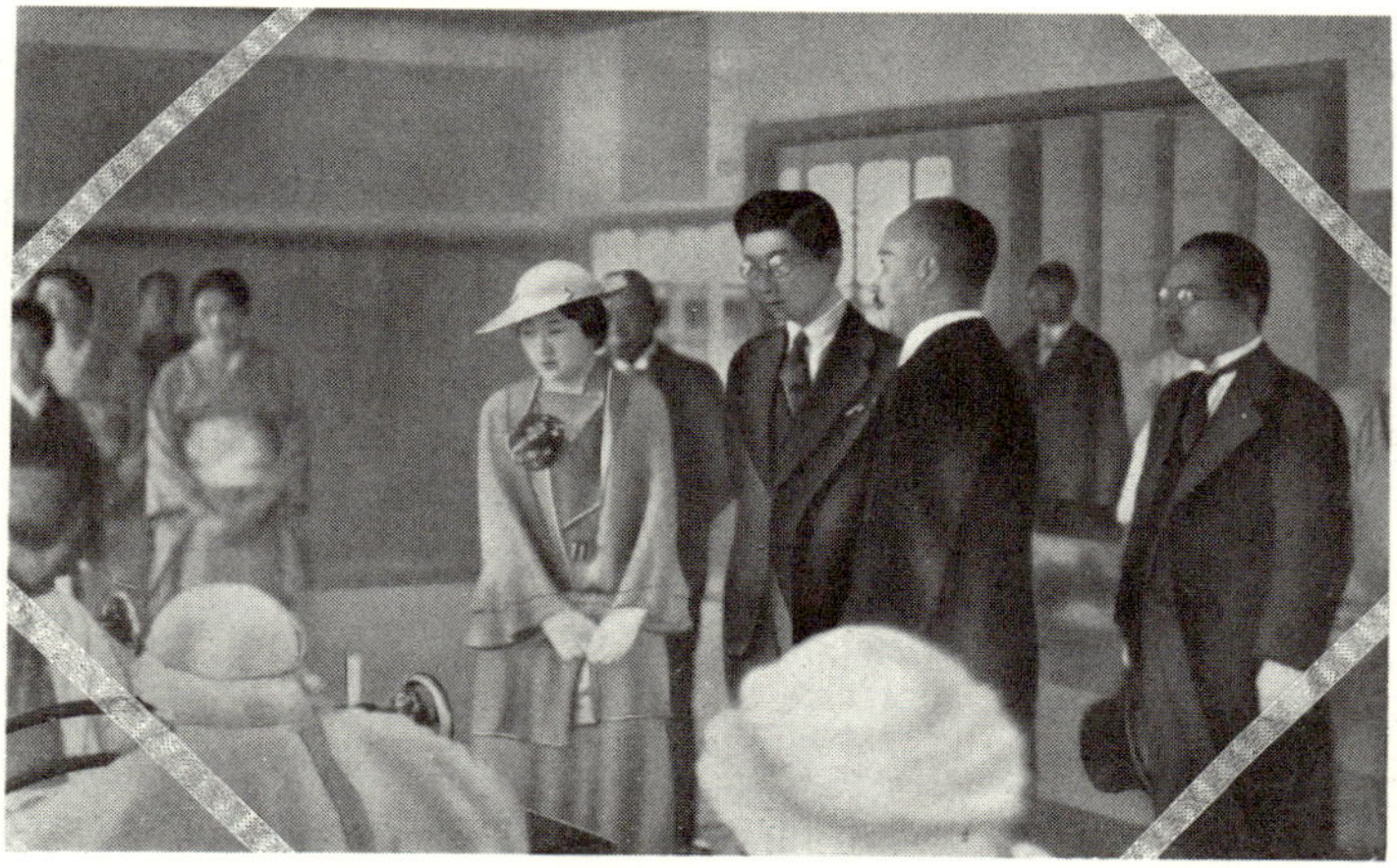

図4-22　赤十字社支部を訪れた秩父宮夫妻

わけできわめて興味深いといえます。先に天皇・皇族図像に関してかなりジェンダー化が図られていることを指摘しましたが、ジェンダー化を踏み越える可能性を皇族の図像が示しているのです。女性の職能とされていた福祉に男性皇族もかかわり得るのだということを、この一枚は表わしています。

天皇の図像、皇后の姿によって、それぞれの役割分担が提示されていくなかで、皇族の様相はそのミニチュア版として見ることができますが、その際にはこうした役割上のズレを見出すことが可能になっています。もう一つはモンタージュ写真です。当時の規範としてやっていいかどうかギリギリのラインが成立しうるのが、皇族であり、地方という場です。国家全体において提示される図像とはずれたかたちで提示されるものが、地域社会においては成立しているということを、今一度確認しておきたいと思います。
天皇の図像が、きわめて考え抜かれたかたちで限定的に提示されるものだったのに対して、皇族たちが容易に表象され得てしまうことがもっている問題を立ち止まって考える必要があるでしょう。

〈注〉

(1) 若桑みどり『皇后の肖像——昭憲皇太后の表象と女性の国民化』筑摩書房、二〇〇一。
(2) 佐々木克『幕末の天皇・明治の天皇』講談社、二〇〇五。
(3) 多木浩二『天皇の肖像』岩波書店、一九八八。
(4) この時期の天皇肖像については、増野恵子「聖と俗の天皇肖像」(塩屋純・増野恵子・恵美千鶴子『天皇の美術史』第六巻、吉川弘文館、二〇一七)を参照。
(5) 小野雅章『〈御真影〉と学校——「奉護」の変容』東京大学出版会、二〇一四。

第五章　検閲というシステム

さまざまな表象の集積体として天皇（制）を考えたときに、それらがいかなるかたちで人々の手元に届くのかは、きわめて重要な問題になってきます。異論はあると思いますが、私は人々の思考や行動を規定していくものとして、教育・メディア・生活環境があると考えています。生活環境はそれぞれの個人が全く違う経験をする以上多様なので一概にはまとめることはできないのですが、メディアや教育は、国家を含めさまざまな力が働きうる共通の場として考えることができ、そこで何がどのように提示されていたのかを問うことができます。本書は表象をキーコンセプトにしていますが、表象を考える際にそれが流通する経路を考えないわけにはいきません。

加えてメディアを含めて、皇室関連、天皇制関連の表象に覆い被されているさまざまな規則を見ていかなければなりません。そこで重要な問題として出てくるのは「検閲」ではないかと思います。二〇一〇年以降、検閲研究は盛んになり、検閲という行為がもっている意味、そしてそれに規制されつつなされる表現をどうとらえるのかが問われています。

1　制度としての検閲

近現代日本の検閲

私たちが何らかの表象の生成者の提示しようとしたものを受け取るまでには、何らかのかたちでメディアが介在することが多くあります。特にマスメディアを通る際には、種々の力が介在する可能性があり、何らかの規制の網がマスメディアに覆い被さっている以上、情報は私たちの手元にそのまま提供されるものではありません。

明治政府は新知識を書物によって広めていくことは奨励しましたが、それと同時に、多くの出版物が出されることはリスクにもなると考えました。例えば反政府運動も書物を介して行なわれる可能性もあるからです。そこで、出版物の生産流通と言論の組織的な統制が行なわれます。定期刊行物と書籍は分けて統制されます。

最初の表現規制として一八七五年に太政官布告として出された概略的な言論取締り条例の讒謗律《ざんぼうりつ》というものがあります。讒謗律第一条では、人を誹謗中傷してはいけないということが書かれていますが、第二条と第三条で天皇・皇族に対する誹謗中傷を禁じています。

讒謗律と同じ一八七五年の新聞紙条例と、一八八七年の出版条例は、表現規制を考える上でとても重要です。定期刊行物の統制は前者が、その他の出版物については後者が行ないました。これらの法律では安寧秩序紊乱と風俗壊乱という二つの規範を設けます。これらに当たるものは、発売頒布禁止（発禁）になります。風俗壊乱とは、風紀を乱す行為です。エロティックまたはグロテスクなものを規制する。もうひとつの安寧秩序紊乱は、天皇を中心とした社会体制に対して破壊的に働くものです。天皇に関する批判的な文言や、天皇の名誉を傷つけるものなどが該当します。

検閲の実際

出版条例と新聞紙条例は、それぞれ一八九三年の出版法と一九〇九年の新聞紙法に変わります。まず出版法では事前の届出が義務化されており、発行日の三日前までに内務省に納本して検閲を受けることになっていました。一九二〇年代前後を例として簡単に流れをみておきましょう。

出版社は、製本した本を二部内務省に届け出ます。その二冊は検閲原本と副本とされます。内務省はそれを元に内容をチェックします。問題がなければ発売許可となりますので、副本の方は帝国図書館（現・国会図書館）に送られます。原本はそのまま内務省で管理します。検閲で問題があった場合は、発禁や、削除処分、分割還付（一九二七年以降）、次版改訂、次版削除、注意処分になりますが、これも内務省と帝国図書館に保管されます。これらの本はその後、昭和二〇年（一九四五）にGHQに接収されて米国の議会図書館に保管されていましたが、今は日本に里帰りしています。

問題が無かった本に関しては、昭和一二年（一九三七）から東京市立日比谷図書館（現・都立日比谷図書館）・東京市立深川図書館（空襲で焼失）・駿河台図書館（現・千代田図書館）・京橋図書館に委託されました。今内務省の委託本のコレクションがこれらの図書館にあり、検閲のチェックが入った書物の一部が残されています。[1] なお今の検閲研究では、大正後期より前はブラックボックスになっています。内務省は関東大震災で建物が崩壊して焼けており、それ以前の検閲の詳細が明らかではないのです。

処分には二種類あり、一つは司法処分、もう一つは行政処分です。刑事罰を与えるのが司法処分で、裁判所が行ないます。安寧秩序紊乱については著作者、発行者、印刷者が禁錮もしくは罰金処分となりました。行政処分では、先程述べたような発禁や、削除処分といって部分的に削除させる処分もありました。

そうすると、編集者は発禁処分を避ける手段を考えます。売れないものをつくるわけにはいきませんから、例えば「内閲」という行為を始めます。内務省の検閲官と知り合いになり事前に原稿を見せ、内容が微妙なところを、修正したり伏せ字にして、発禁を逃れます。一番多いパターンが大学でのつながりです。編集者と検閲官が、東京帝国大学や早稲田大学など同じ大学の同窓だったりすると、そのつてをたどって個人的な関係をもち、内々に内容をチェックしてもらうことで発売頒布禁止を回避していました。[2]

また、そのほかの手段としては、自主規制があります。やばそうな表現は書かないでおこう、あえてはずしておこうとします。表現の幅を自ら狭める行為ですが、人々の耳目に届いても問題のない表現を選び、出版にこぎ着けることが企図されました。

伏字を使うという高度なテクニックも使われました。検閲で引っ掛かりそうな単語を、伏せ字にするわけです。伏字は、リテラシーの高い人には何を書きたかったのかが伝わります。政治的な文言やエロティックな表現を伏字にすることによって発禁を回避するわけです。[3]

検閲は近代史上で何度か厳密化されます。一つは一九一〇年の大逆事件です。幸徳秋水および彼と交流のあった社会主義者たち二六人が明治天皇の暗殺を計画したとして逮捕され、一二人が死刑になった事件です。この事件の前後で取締りが厳密化します。社会主義関係の書物が前年の一〇倍ほど処分を受けています。また大正デモクラシーを経て、一九二五年の治安維持法ができた際には、左派言説への取締りが激化します。一九三四年には出版法が改正され、その前年に共産党の一斉逮捕事件が起きており、それらの出来事にあわせるようなかたちで取締りが激化します。そして一九四一年に内閣情報局という部局がつくられ、軍部と内務省の検閲部が一本化されます。こうした体制下で戦時中の言論は取り締まられていきました。[4]

占領期の検閲

検閲は戦後の占領期にはどのように変わったかのでしょうか。

一九四五年にはＧＨＱにより「言論及ビ新聞ノ自由ニ関スル覚書」が出され、日本に検閲行為は存在しなくなったという建前になります。しかし、占領軍は「プレスコード」を出し、これが日本の全出版に適用されます。ＧＨＱのＳＣＡＰ内の民間検閲支隊が、マスメディアとパーソナルメディアを検閲します。パーソナルメディアとは個人の私信です。手紙は開封してチェックします。電話も傍受してチェックします。GHQの場合、検閲が存在していることを公にすること自体が検閲対象になりました。建前としては全ての検閲行為は存在しないことになっているので、GHQの検閲行為は人々に知られないようになされました。そうすると、伏字もできなくなります。例えば戦前の新聞社は、事件が起こっても報道できないとき、大事件が起こったことだけは伝えようとあえて組み上がった活字が壊された版面をそのまま印刷するということをやっていましたが、GHQ検閲のもとではこれも禁じられます。のちに江藤淳は『閉ざされた言語空間――占領軍の検閲と戦後日本』（文春文庫）で占領軍の検閲を批判しています。

いまの検閲研究では占領期の検閲はそれ以前の検閲を非常によく調べ上げて、それをより徹底したかたちで行なっていたと考えられています。一番の検閲研究者は占領期の検閲者だったのではないかといわれるほどです。(5)

戦後――「風流夢譚」事件

GHQ検閲が終わった後、日本国憲法第二一条のもと表現の自由は保障されることになっていますが、未だにいくつかの問題が残っています。例えば教科書検定、刑法一七五条、そして自主規制の問題です。

教科書検定は、ご存知の通り、教科書に書いてはならないことなどの規準を設け、教科書の表現を規定するものです。

刑法一七五条は、わいせつ物頒布の禁止です。有名な事例がいくつもありますが、一九六一年に結審したサド裁判は、わいせつという概念をどのように扱うかが議論になった、先鋭的な裁判です。刑法によってわいせつ物に該当する表現を禁止するわけですが、「わいせつ」かどうかを誰が決定するのか、その法的な根拠は何かを問うた裁判でした。またプライバシーと表現をめぐる議論もあります。個人のプライバシーが、表現の自由とぶつかる出来事がたびたび起こっています。

そのなかで、天皇(制)をめぐる事件として、一九六一年の「風流夢譚」事件があります。深沢七郎の小説「風流夢譚」が一九六〇年一二月の『中央公論』に掲載されました。これはある人物の夢を描く小説です。寝ている間に止まってしまう時計を身につけている人物がいて、東京で革命が起きている夢を見ます。「左慾」が起こした革命で、皇居で天皇と皇族の処刑が行なわれている。昭和天皇と皇后が斬首され、落ちた首がシャンシャンと鈴の音のような音をたてて転がっていく、という表現をしています。昭和天皇の母親である皇太后と主人公が口汚い口げんかをするんですが、東京出身の皇太后がなぜか甲州弁で汚くしゃべり罵り合ったのち、皇太后も首を斬られ、皇太子と皇太子妃も斬首されます。夢から覚めて時計を確認したら、時計は動いていた、つまり夢ではなかったということを示唆するところで閉じられます。テクスト自体は同時代の「ミッチー・ブーム」と左翼運動を両方ともに批評するという意味で非常に興味深い論点を提示しているといえます。

この小説が発表されたあと、文芸界ではさまざまな評価がなされ、多くは出来が悪い、天皇制反対の運動にも使えないなどで、肯定的な評価はあまり見られませんでした。しかしそのようななか、一九六一年二月に出版社の中央公論社の社長宅に、右翼の青年が押し入り、社長夫人に刃物で重症を負わせ、そこに居合わせたお手伝いさんを殺害する事件が起こります（嶋中事件）。小説の不敬さに対して、テロ行為が行なわれたわけです。

嶋中事件の後、全てのメディアで天皇に関する言説が萎縮し始めます。自主規制です。天皇に対する不敬言辞が自分の生命を脅かす可能性に向きあってしまった結果、一様にそういった言説を抑制する動きが出てきます。事件を受けて、中央公論社は「おわび」の広告を出します。「右翼に刺される」ということのリアリティが、一九六一年にあったわけです。

こういった事件の記憶があるため、未だに天皇に関する言説を提示する際の自主規制は小さくないと言われるわけです。

皇室に関する表現規制――大逆・不敬・安寧秩序紊乱

以上をふまえて、先ほども出てきました安寧秩序紊乱を含め、皇室に関する表現規制を見ていきたいと思います。

一つは、メディアにおける表象に覆い被されているさまざまな規範が、どのようなかたちで成立しているのかを見ます。まず、旧刑法「第二編　公益ニ関スル重罪軽罪　第一章　皇室ニ対スル罪」（一八八〇年公布）です。

第百十六条　天皇三后皇太子ニ対シ危害ヲ加ヘ又ハ加ヘントシタル者ハ死刑ニ処ス

第百十七条　①天皇三后皇太子ニ対シ不敬ノ所為アル者ハ三月以上五年以下ノ重禁錮ニ処シ二十円以上二百円以下ノ罰金ヲ附加ス

②皇陵ニ対シ不敬ノ所為アル者亦同シ

第百十八条　皇族ニ対シ危害ヲ加ヘタル者ハ死刑ニ処ス其危害ヲ加ヘントシタル者ハ無期徒刑ニ処ス

第百十九条　皇族ニ対シ不敬ノ所為アル者ハ二月以上四年以下ノ重禁錮ニ処シ十円以上百円以下ノ罰金ヲ附加ス

第百二十条　此章ニ記載シタル罪ヲ犯シ軽罪ノ刑ニ処スル者ハ六月以上二年以下ノ監視ニ付ス

第百十六条はいわゆる大逆罪で、三后とは、太皇太后、皇太后、皇后のことです。一九一〇年の大逆事件の容疑は天皇の暗殺計画でしたので、これによって幸徳秋水等が処刑されることになりました。一方、第百十八条をみると皇族に対して危害を加えると天皇と同じ死刑ですが、計画だけでは死刑ではなく無期徒刑となり、差異化されています。この百十七条と百十九条を合わせて不敬罪と呼ばれます。これらの皇室に対する罪が、皇室に関する表象を規制していく規範として成立していく側面があることを指摘しておきます。

不敬罪を含め、天皇をめぐる表現について、示唆的な議論を提示した渡部直己『不敬文学論序説』（太田出版、一九九九）の指摘を確認しておきましょう。

こうした一連の過剰な保護意識を通じて司法が守ろうとしているものが、「天皇」なる存在の神聖さそのものではなく、直接には、その言葉（詔勅）であり、身体（肖像）であり、現在（親政）と過去（皇統）の行状であること。このことが初めて神格を作りだす。当然のことともいえる。（略）したがってここには、神ならぬ一個の人間の間尺（言葉・身体・行状）にあわせつつ、同時に人間を超えた存在を創出しようとする転倒が露頭していると換言することができる。

つまり、天皇の身体にダメージを与えようとするものは大逆罪に当たりますが、不敬にあたるとされるものは何かと言えば、勅語や詔勅、肖像、政治を行なう立憲君主としてのあり方、皇統（宗教的権威としての有り様も含む）への批判的な言辞といった表象なのです。天皇が人間である以上、人間の身体をもち、人間の言葉を話し、人間の行動をするという限定性が生れます。しかし、その限定を超えた超越的存在として、君主としての天皇は設定されているため、人間を超えたものを作り出そうとした結果、その表象がむしろ天皇が人間であることを暴露してしまうという一種の転倒が発生するというわけです。つまり天皇（制）は表象によって支えられているにもかかわらず、表象は同時に天皇（制）をおびやかす可能性をもっており、それを防ぐことがこの法制度においては狙われていたとまとめることができるでしょう。

次に出版法、新聞紙法ではどのように書かれているかを見てみます。

「出版法」

第十九条　安寧秩序ヲ妨害シ又ハ風俗ヲ壊乱スルモノト認ムル文書図画ヲ出版シタルトキハ内務大臣ニ於テ其ノ発売頒布ヲ禁シ其ノ刻版及印本ヲ差押フルコトヲ得

第二十条　外国ニ於テ印刷シタル文書図画ニシテ安寧秩序ヲ妨害シ又ハ風俗ヲ壊乱スルモノト認ムルトキハ内務大臣ハ其ノ文書図画ノ内国ニ於ケル発売頒布ヲ禁シ其ノ印本ヲ差押フルコトヲ得

第十九条は、安寧秩序を乱す出版物は発売頒布を禁じられ版を差し押さえられるということです。第二十条では、海外で印刷されたものも同様に発売頒布を禁じられ差し押さえができる、となっています。

「新聞紙法」

第二十三条　内務大臣ハ新聞紙掲載ノ事項ニシテ安寧秩序ヲ紊シ又ハ風俗ヲ害スルモノト認ムルトキハ其ノ発売頒布ヲ禁止シ必要ノ場合ニ於テハ之ヲ差押フルコトヲ得

前項ノ場合ニ於テハ内務大臣ハ同一主旨ノ事項ノ掲載ヲ差止ムルコトヲ得
第二十四条　内務大臣ハ外国若ハ本法ヲ施行セサル帝国領土ニ於テ発行シタル新聞紙掲載ノ事項ニシテ安寧秩序ヲ紊シ又ハ風俗ヲ害スルモノト認ムルトキハ其ノ本法施行ノ地域内ニ於ケル発売頒布ヲ禁止シ必要ナル場合ニ於テハ之ヲ差押フルコトヲ得
新聞紙ニ対シ一年以内ニ二回以上前項ノ処分ヲ為シタルトキハ内務大臣ハ其ノ新聞紙ヲ本法施行ノ地域内ニ輸入又ハ移入スルヲ禁止スルコトヲ得

新聞紙法でも安寧秩序を乱すものは、海外で作られたものも国内と同様に発禁となり、版を差し押さえられることになっています。さらに、年二回以上天皇に対して批判的な言辞を行なったメディアは、国内から締め出すことが定められています。

ここでの安寧秩序紊乱とは、国体への改変を主張するものを想定することができますが、その内実は、条文を見ているだけではきわめて不分明です。どこからが本当に「危険」なのかが誰にもわからない状態になっているところが重要です。何かをしていいとは書かれていないわけです。「してはいけない」として設定されているものは、「してよいこと」の輪郭をおぼろげに描くものではあっても確定的に何がいいのかという点については明確にするものではありません。それは不可触の領野を押し広げ、結果としては否定神学的に天皇の宗教的な権威性を生成すると言っていいのではないでしょうか。

新聞紙法で許されなかった天皇の図像を一枚紹介しておきます（図5‐1）。一九三五年に満州国皇帝の溥儀を東京駅で出迎える昭和天皇の姿を写した、地方新聞（「下野新聞」一九三五年四月七日）の写真です。この写真に写った天皇は笑顔です。天皇は威厳がある存在でなければならないので、笑顔の天皇は世に流通してはならなかったのです。[6] なお天皇に関しては威厳を損なうようなものはだめなのですが、一方、皇族の笑顔はかなり確認することができます。そのような周辺を携えて天皇の神聖性が維持されていくことになります。

図5-1　当時掲載されなかった笑顔の昭和天皇の写真

法規を確認した上で、次に具体的な宮内省の行動をみたいと思います。次の資料は、文部省に対して内務省から出された昭和五年の通牒に示された取締りの指針です。

第一　書類新聞雑誌其ノ他ノ物品ニ、天覧台覧又ハ宮内省御用達ノ文字ヲ標示スルハ、宮内省ニ於テ特ニ許可シタルモノノ他、取締ヲ要スルコト

第二　宮内省御用品、御買上品、献上品、或ハ御用・御料等ノ文字ハ実際御用・御買上又ハ献上ニ係ル特定ノ物品ニ非サルハ之ヲ使用スルコトヲ得ス。従テ仮令同種ノ物品トスルモ之ヲ他品ニ使

用スルハ取締ヲ要スルコト。但シ宮内省ニ於テ特ニ許可シタルモノハ此ノ限ニ在ラサルコト

第三　献上品御採納ヲ得、又ハ御用命・御買上ヲ賜ハリタル等ノ事実ヲ標示スルハ、皇室ノ尊厳ニ関セサル限リ、其ノ年月日ト共ニ其ノ旨ヲ記載スルニ於テハ支障ナキコト（以下略）（「皇室ニ関スル文字濫用取締ニ関スル件」国立公文書館所蔵史料『大正十二年～昭和二十一年・帝室ニ関スル総規・第二冊』〔3A-030-05・昭59文部01045100〕）

ここには、「皇室ニ関スル文字」を使うことの具体的なきまりが書かれています。「天覧台覧又ハ宮内省御用達」という文字を使うのは、宮内省が許可したもののみである（第一）。「宮内省御用品、御買上品、献上品、或ハ御用・御料」などの文字は、実際に使っているか宮内省が許可したものならば構わないが、それ以外は取り締まるように（第二）。献上品、御買上などの事実を書く場合は、「皇室の尊厳に関せざる限り」厳密に記載すれば構わない（第三）。など、商業利用されていくものについて、かなりセンシティブになっていることは見て取ることができます。

次は、昭和六年の文部次官から地方長官に宛てた、新聞雑誌に掲載された天皇・皇族の写真の扱いについての通牒です（「各地方庁へ通牒　新聞雑誌等ニ奉掲ノ御影取扱方注意」『大正十二年～昭和二十一年・帝室ニ関スル総規・第二冊』〔3A-030-05・昭59文部01045100〕）。

新聞雑誌等ニ奉掲ノ御影ニ関スル件
天皇皇族ノ御影ノ奉掲セラレタル新聞雑誌等ノ取扱方ニ関シテハ、予テ学校ニ於テ、生徒・児童ニ十分注意相成居ルコトトハ被存モ、時ニ世上ニ於テ其ノ取扱方不注意ニ流レ、自然恐懼ニ堪ヘザル事態ヲ生ズル虞モ有之ニ付テハ、此ノ際御影ノ奉掲アル右印刷物ニ就テハ、其取扱方ニ付、特ニ厚ク注意ヲ加フル様、学校・幼稚園・図書館・青年訓練所・青年団・少年団等ニ対シ、篤ト御示達相成度、依命通牒ス

天皇や皇族の写真が掲載された雑誌や新聞が、無造作に捨てられていることがあったのでしょう。写真が掲載されたものはていねいに取り扱うよう、幼稚園や学校、青少年団などに対して注意するようにと、文部省から出された通知です。しかし、ここの表現だけでは具体的にどのようなことなのかはよくわかりません。一般的な取締規則として提示されているにもかかわらず、その内実はあいまいです。あいまいであるからこそ、先ほども言ったように否定神学的な宗教的権威性が成立します。

これらを具体的に見ることは、天皇に関しては難しいのですが、皇族に関してはいくらか確認できるので、天皇と皇族の行動の管理を行なっている宮内省宗秩寮の文書を見ていきたいと思います。

2　宮内省の行動

最初に、天皇と皇族が表象される際の経路を見ておきます（図5‐2）。

宮内省の宗秩寮に、地方行政、企業、各種団体が天皇・皇族の表象をめぐって申請を行ないます。皇族表象の場合は、地方行政、企業、各種団体が皇族が所属している宮家と直接関係をつくり、宮家が宗秩寮に許可を求めるルートもあります。

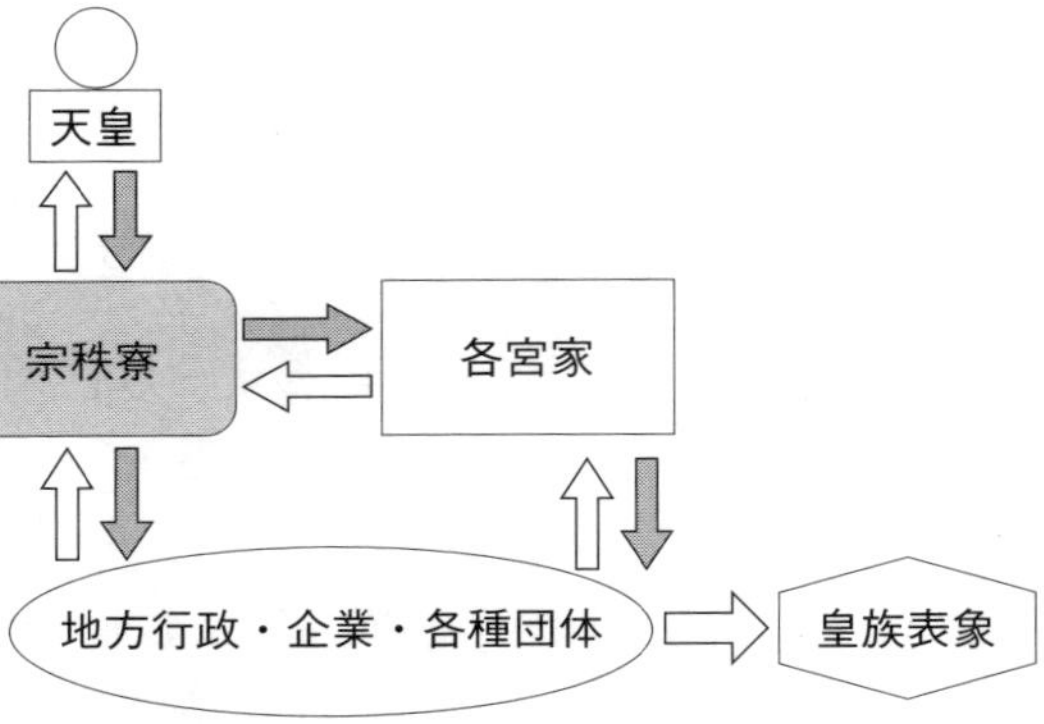

図5-2　天皇·皇族の表象経路

宮家の資料はなかなか残らないのですが、宗秩寮で控えが作成されたものについては、今の宮内庁書陵部の宮内公文書館に文書が保管されており、公開されています。場合によっては天皇に裁可を諮る必要も出てきますので、天皇が裁可した結果もここに残っています。ここには、各宮家とのやり取りや地方行政、企業、各種団体とのやりとりが残されています。

では、どのようなものがどのようなかたちで求められ、それに対して宮内省がどのような規制や許可を与えていたのかを、特に皇族の表象を中心に戦前と戦中にかけての動向を見ていきたいと思います。

皇族表象の〈利用〉と規制――一九二六〜一九三七年

一九二六年から一九三七年にかけて、皇族を利用したいという人々の欲望と、それに対する規制がなされていくようになります。

一九三一年に、京都府中那峰山町の丹後縮緬同業者組合から、記念碑建設をするにあたり皇族の直筆が欲しいとの請願がありました。宮内省は「宮殿下御染筆御下賜請願ノ件」という文書（『宗秩寮 皇族雑録 自昭和6年 至昭和9年』登録第7314号）で次のように回答しています。

> 産業御奨励ノ趣旨ニ於テハ必シモ不可ナキモ、近来此種ノ希望甚タ多ク、往々営業上ノ宣伝ニ利用スルモノ有之候ニ付、宮殿下御染筆ハ可成範囲ヲ特種ノモノニ限定致度ニ付、左案ヲ以テ不許可ノ旨回答相成可然也

宮内省は、産業奨励の趣旨には問題ないけれども、その種の願いがあまりにも多いので許可の範囲を限定している、この場合は同業者組合における商業利用の意図だろうから不許可である、としています。ここからは、民間に商品に名誉を付与する存在としての皇族観があることが浮び上がってきます。

昭和十年二月十五日に笠置山保存会事務所から、笠置山の山頂に記念碑を建設するにあたって、碑の題字にする後醍醐天皇と藤原藤房の歌を皇族に書いて欲しいとの申し出がありました。これに対して、宮内省は昭和十年二月二十二日付の「笠置山頂記念碑ニ皇族御染筆ノ件」という文書で「皇族トシテ臣下ノ藤房卿ノ歌ノ御揮毫ハ妥当ナラズ、又後醍醐天皇ノ御製モ皇族トシテハ御遠慮遊ハサルルル方可然、此点ニ於テ既ニ本件ハ妥当ナラザルニ付、拒否スル方宜シカルヘシトノ意向ナルヲ以テ左按回答相成可然也」と回答しています（『宗秩寮 皇族雑録 昭和10年』〔登録第7597号〕）。

宮内省の回答は、皇族が臣下である藤房卿の歌を書くことは妥当ではないし、後醍醐天皇の歌は皇族として遠慮するのは当然であるから、拒否するというものでした。「不敬」であるという理由で否認したのです。皇族は、臣下ではないにせよ、天皇には及ばない両義的な性格をもつと考えられています。天皇の御製を写す存在として皇族は想定されない、そこまでは及ばない。しかし、臣下である藤房の和歌を書くほど身分は低くないという両義的な性格を見ることができると思います。

笠置山は『太平記』にも描かれている後醍醐天皇蜂起の場所です。地域の歴史のなかで天皇にかかわる歴史を掘りおこし顕彰するべきという動向が生起していた、ということがわかります。

昭和十年一月十七日付で、宗秩寮総裁から各宮付宮内事務官に出された通達（「案」、『宗秩寮 皇族雑録 昭和10年』〔登録第7597号〕）には次のようなことが書かれています。

従来陸軍関係諸学校ノ卒業式ニハ

聖上御臨幸ノ外ハ皇族又ハ侍従武官御差遣相成居候処、陸軍当局ヨリモ海軍諸学校卒業式ト権衡上、可成皇族ノ御臨場ヲ仰キ、光栄ニ浴セシメ度希望モアリ、旁々今般別表ノ範囲ニ於テ、御差遣奏請ノコトニ相成候ニ付、右ノ趣殿下ニ言上被致置相成度候

陸軍関連の学校には陸軍大学校、陸軍士官学校、陸軍経理学校などがあるわけですが、その卒業式に天皇や皇族、ときには侍従武官が出席します。皇族には宮内省から派遣された事務官と侍従武官が付きます。皇族は軍人なので、軍人の補佐官が必要になります。それが侍従武官です。その侍従武官が皇族に変わって儀式に参加していることがある。海軍諸学校へは皇族本人が出向くのに、陸軍諸学校に侍従武官が来るのはどうなのか、と言っており、ここからは陸軍関係者が陸軍諸学校にも皇族本人が来て欲しいと願っていることが見えてきます。卒業式の出席者を「光栄ニ浴セシメ」る学術振興者かつ軍事的指導者としての表象を読み取れます。

以上、一九三一〜一九三七年前後は、各種団体から崇敬の対象だとされつつも、商業目的もしくは何らかの価値を目的とした皇族利用が狙われていました。それに対して宮内省は、機会の公平性・公共性をその判断基準とし、「不敬」という概念を持ち込むことによって、商業的な利用を回避しようとしていました。

崇敬される皇族と宮内省の対応――一九三七〜一九四一年

昭和十二年三月八日付で、和歌山県知事から宮内大臣に宛てた「御手植樹御移植ニ関スル件」という文書があります（『宗秩寮　皇族雑録　昭和12年』〔登録第8408号〕）。これは和歌山県立田辺高等女学校にある皇族が植えた月桂樹を、学校移転に伴い移植することを許可して欲しいという内容です。

「県立田辺高等女学校ハ校舎狭隘ノ為、今回田辺町神子浜ニ移転致ス事ト相成、目下工事中ノ処、大正四年七月十九日　朝香宮殿下同校へ御成ノ砌、校庭ニ御手植ヲ賜ハリ候月桂樹ヲ新校舎移転ト共ニ左記ノ通神聖ナル場所ニ御移植申上ケ、其ノ光栄ヲ永久ニ記念シ奉ルト共ニ　宮殿下ヲ偲ビ奉ルハ生徒訓育上最モ望マシキコトト被存候付、新校舎ニ御移植方御許容相成様、御取計被下度此段奉願候」

ここで興味深いのは、皇族の来訪を「光栄ヲ永久ニ記念」すべきこと、移植する場所のことを「神聖ナル場所」と言っていることです。神聖さを皇族の植えた木にも見出していく。すでに天皇の排泄物を食べることで身体の壮健を図る、踏んだ砂利を聖なるものとして扱うという例をあげましたが、フレイザーのいう接触呪術と近しいあり方です。[7] 触れたものに力が移るという発想がここでも成立していることは、重要だろうと思います。皇族という存在を、一種の聖なる存在としてみなしていることが、このテクストから読み取れると思います。そして宮内省はそれを「異存無之候」と容認しています（大臣官房八五号　昭和十二年三月十一日）。

参考として、岩手県での秩父宮夫妻の写真の扱いに関して見たいと思います。昭和十二年十一月十一日付で岩手県知事から文部次官に出された文書「岩手県 秩父宮同妃両殿下ノ御写真奉護方ニ関スル件」です。

「秩父宮殿下ニ於カセラレテハ、曩《さき》ニ歩兵第三十一連隊大隊長トシテ御親ラ岩手県出身将兵ヲ率ヰ、辛ニ艱苦ヲ倶ニシ給ヒ、又屡々妃殿下御同列ヲ以テ県下各地ニ御成被遊深ク民情ヲ尋ネ教育産業等各般ノ振興ヲ至念アラセ給フ等、無辺ノ鴻恩恐懼感激ニ勝ヘサル所ニ有之、県民挙ゲテ無上ノ光栄トシ、殊恩ノ忝サニ感孚在罷候処ニ御座候。今回県ハ　両殿下ノ御写真ヲ謹製シテ県下各学校ニ交付シ、永ク御高徳ヲ偲ビ奉リ、弥々県風ノ作興ヲ期シ殊寵ノ万一ニ答ヘ奉ル様致候処、右御写真ノ奉護ニ就キ、遺憾ナキヲ期シ度ニ就テハ　御真影奉安殿ニ別箱トシテ納メ奉リ差支無之ルベキ哉、何分ノ義御回示相煩度、此段及照会候也。[8]」

歩兵第三十一連隊大隊長として赴任した秩父宮は軍事の指導者であると同時に、夫妻で「民情ヲ尋ネ」るなど教育・産業の振興者でもあって、「恐懼感激」で「光栄」であるので、秩父宮夫妻の写真を御真影と同様に奉安殿に納めたいが差し支えないかという内容です。

これに対して文部省は、「別箱トシテ納メ奉ル儀ハ差支無之此段回答ス」、別箱で奉納するのは差し支えないと返答しています。しかも「宮内省総務課長ト文部省秘書課長協議済」、つまり文部省だけでなく宮内省も、皇族の写真を崇敬対象として扱うことは問題ないとしています。別箱なので御真影とは差別化が図られているとも考えられるわけですが、しかし実質的に皇族を崇敬することについては、別段の規制は加えない方針だということが読み取れます。

以上、一九三七～一九四一年前後に関しては、各種団体や地方官庁は崇敬対象として皇族を扱うとともに、皇族を顕彰する動向を示していきます。それに対して、ほぼ黙認する形で、天皇と近似するけれども一致しない存在として皇族の位置づけを、宮内省は認めていきます。ここにおいては「不敬」というものが見えにくいということがありますが、崇敬対象としてのあり方に関しては少しずつ見えてきたのではないかと思います。

次に、一九四一～一九四五年には、それがどのように変わっていくかを見ていきます。

〈天皇―国民〉の戦略――一九四一～一九四五年

昭和十六年七月十二日付で、陸軍報道部長から宮内省総務局長に宛てた「宮殿下　侍従武官陸軍諸学校卒業式へ御差遣ノ件」という文書が出されています（『皇族雑録昭和十五年十六年』〔登録第8395号〕）。一九四一年、対アメリカ戦が始まる年で、日中戦争は完全に泥沼化している状況です。内容は「時局ニ鑑ミ軍ニ於テハ首題ノ件ニ関シテ新聞雑誌其他ノ刊行物ニ一切報道ヲ禁止シタルヲ以テ官報発表其他ニ付可然御配慮相煩度依頼ス。」というもので、天皇の侍従武官が陸軍諸学校卒業式へ遣わされたことを、新聞雑誌などや官報発表も一切行なわないように、という通達です。

この通達に対する宮内省の反応は次のようなものでした。

一、官報々告ヲ止メル
一、宮内省報掲載ヲ止メル
一、宮内記者会ノ発表ヲ止メル
一、宗秩寮、宮家、武官府ニ於ケル公表ヲ止メル
一、賞品下賜ノ宮内省報掲載ヲ止メル

これまで喧伝してきた皇族の動静を国家機関が覆い隠す動きが出てきます。現人神である大元帥天皇の代理として表象されることが制限されていく展開が見てとれます。

昭和十六年十二月十一日には、宮内次官から文部次官に「皇族殿下御旅行ノ際、汽車又ハ電車ニ御乗車ノ場合ノ御取扱方ニ関シ、自今左記ノ通御取計相成度候」として次のようなことが言われています。親王・親王妃が私的な旅行をする場合の鉄道関係者の付き添いは必要最低限とする、宮内省からその都度連絡をする。皇族の東京、大阪、京都への近郊旅行は特別車両を設ける必要はなく、衝立などで仕切って一般乗客を乗せるようにと書いてあります。一方、天皇については、差別化す

るように言っています。

一、親王（正仁親王殿下ヲ除ク）・親王妃ノ御旅行ノ場合ニ於テモ御微行ノ場合ニ在リテハ、鉄道関係員ノ扈従ハ（王・王妃ノ御旅行ノ場合ニ於ケルト同様）必要最小限トスルコト（二、三名）御微行ノ場合ハ宮家ヨリ其ノ都度連絡ス

一、東京（大阪・京都モ之ニ準ズ）近郊ノ電車ニテ皇族御旅行ノ場合

（イ）特別ニ車両ヲ連結スルニハ及ハス、一般車両中一区画ヲ限リ、臨時ニ衝立等ヲ設ケ御用ニ供シ、外ハ一般乗客ノ使用ニ供スルコト

（ロ）混雑時期ニ際シ特ニ御乗車ノ車輌ヲ連結スル必要アル場合ニ於テモ、其増結車輌ニ付キ前項ノ処置ヲ採ルコト」（「宮27号」（宮内庁書稜部所蔵史料『皇族雑録 昭和十五年十六年』〔登録第 8395 号〕））

昭和天皇には二人の男子が生れ、長男は次なる天皇となる継宮明仁《つぐのみやあきひと》、弟が現在常陸宮と呼ばれる義宮正仁《よしのみやまさひと》です。彼らが生れる前の皇位継承者は弟たちでしたが、昭和天皇に男子が生れるとヒエラルキーが変わり、この子どもたちが昭和天皇の弟たちより地位が高くなります。そうすると、親王たちの警備は厳しくしなくてもいいが、皇子らの警備は十分厳重にしなさいということになります。天皇一家は特権化する一方で、それ以外の皇族は差別化していく動向を見てとれます。

昭和十八年四月五日には、宗秩寮総裁から宮内省官房主管宛、皇族王公族の地方旅行や在任の際の、歓迎や報道に関する注意事項が出されています。

皇族王公族ノ地方御旅行又ハ御在任等ノ場合ニ於テハ、左ノ如キ取扱態度ヲ以テ臨ミ、以テ御徳ノ愈々高カラム様留意セラレ度

一、御歓迎又ハ御接待宴等ハ時局柄可成差控ヘシムルコト

二、御行動ニ関スル報道ハ着実ヲ旨トシ長文ナル記事等ヲ避ケシムルコト

三、御用ノ物資ヲ御配給申上ゲル場合度ヲ過シタル御便宜ノ取扱ヲ為シ以テ府県内ノ統制機構ガ皇族王公族ノ為紊サル、ガ如キコトナキ様留意ノコト

四、献上品ヲ差控フルコト

（「十四号」（宮内庁書稜部所蔵史料『皇族雑録昭和十七年十八年』〔登録第 8426 号〕）

皇族王公族の歓迎や接待は差し控えよ、報道は事実のみで文章を短くせよ、配給品を渡すときに統制が乱れないようにせよ、献上品は差し控えよ、というものです。逆に言えば、天皇に関しての規定は別段ないので歓迎や献上は行なわれていたと考えられます。

このように、一九四一～一九四五年前後の皇族表象をめぐる宮内省の対応は、皇族の扱いを簡素化することによって、天皇・皇太子・義宮の特権化を図っています。戦争の激化に伴う統制経済の

浸透のなかで、皇族もまた臣下として組み込まれて然るべき存在として認識されていく。逆に言えば、この変化のなかで、天皇の聖なる存在としての位置づけがより強固に提示されていったのです。

〈注〉

（1）千代田図書館「内務省委託本」として所蔵。調査レポートが多数ある。
（2）紅野謙介『検閲の文学』河出書房、二〇〇八。
（3）牧義之『伏字の文化史』森話社、二〇一四。
（4）大日方純夫「内務省の検閲と第二次世界大戦前日本の出版文化」鈴木登美ほか編『検閲・メディア・文学——江戸から戦後まで』新曜社、二〇一二、参照。
（5）二〇一八年一月二六日（於早稲田大学）「国際検閲ワークショップ」における宗像和重氏の発言から。
（6）『千代田図書館蔵「内務省委託本」調査レポート総集編』千代田区立千代田図書館、二〇一七、参照。
（7）J・G・フレイザー、吉川信訳『初版　金枝篇』（上・下）ちくま学芸文庫、二〇〇三。
（8）国立公文書館所蔵史料『昭和十二年・御写真奉戴・第十一冊』（本館 -3A-030-05・昭59文部 01058100）。

第六章　大衆社会とメディア消費
――戦前戦中期メディアのなかの皇族表象

1　戦前期大衆消費社会と皇族

本章からは、天皇とともに皇族を見る、中央とともに地方を見る、法措定暴力とともに法維持暴力を見る、この三点をある程度まで意識して天皇（制）の表象を具体的に見ていきます。

大衆消費社会の現出

先にも述べたように、天皇（制）を語る際に重要なのはメディアです。大正・昭和期は空前の大衆消費社会が現出し、それとメディアが緊密にかかわっていった時代でもあります。

日本における大衆消費社会は、一九一〇年代から二〇年代にかけて成立したというのが一般的な理解です。二〇年代前後の時期に、合理的生活像を追求し大衆文化を享受する新中間層が台頭し、サラリーマン（会社員）が社会の一翼を担うようになります。こうした状況のなかで、大衆消費社会が成立したのです。

大衆が商品を買い、それを消費していく社会が生まれたことにより、新聞・雑誌等のマス・メディアが多数生まれ、発達し、大衆化していくという動向が生じます。こうした状況のなかで、天皇・皇族もマス・メディアへ露出する存在として描きだされていきます。

天皇(制)との関連

同時代の天皇(制)とマス・メディアの関連については、見ておくべき先行研究として右田裕規と青木淳子の研究があります。

右田裕規は一九一〇年代前後に皇室写真の撮影がマス・メディアへ解放され、皇族のスナップ写真を気軽に撮れる状況が出来し、その流れのなかで皇室写真の脱政治化が進展したのではないかと指摘しています(1)。皇族の「平民的」な写真が登場していくと同時に、「スター」や「有名人」の肖像と等価な扱いになっていったと右田は主張しています。

また青木淳子は、若年の皇族が「紳士」「スポーツマン」という同時代における最先端の人物像として表象され、それにより「時代をリードする」皇族像が企図されていたのではないか、また、皇族妃たちが最先端の「ファッションリーダー」として表象されていくことを指摘しています(2)。

これら先行研究にある程度共通しているのは、一九一〇年代から二〇年代前後という大衆消費社会の成立した時期においては、特にイメージの「平民」性が示されていたということです。

戦争開始による神秘化／軍事化

一九二〇年代前後の大衆消費社会を背景にして、皇族イメージに「平民」性がまとわされた一方、一九三〇年代から四〇年代の戦争期には、神秘化と軍事化が行なわれざるを得なかったこともすでに指摘されています。

右田は戦時期には平民的な皇族のイメージが縮退し、軍事色が前景化していくとともに、天皇・皇后・皇太子の写真規制が高まっていくことを指摘しています。[3] そこでは、規範的な言説が流通するとともに、人々の受容意識との間に齟齬が生れました。つまり、大正期前後までの平民的な皇族のイメージを受容していた人々にとっては、軍事色が前景化し、平民的な要素が減っていく昭和戦中期の皇族イメージのありようについて、意識の上でのずれがあったのです。

また、小山亮は昭和天皇のイメージが「大元帥イメージ」に集約されていくことを指摘しています。天皇図像の提示された場合に特定の構図が採用されており、それは軍事的指導者としての昭和天皇を表象するものだったと位置づけているのです。[4]

川村邦光は昭和戦前期の天皇像を分析し、それらは不可視・全身・上半身のみ・馬上、という四つの天皇像に類型化されており、すべてローアングルで、つまり下から仰ぐように描かれていたと指摘しています。[5]

これら戦中期についての先行論においては、天皇・皇族のイメージが平民的なものから軍事的なものへと転換しているという発想がある程度共通しています。

三直宮――同時代の皇族たち

天皇(制)の維持にかかわる表象の維持を考えるうえで、同時代に特にどのような皇族が、どのように描かれたかが重要なポイントになります。

同時代の皇族たちのなかでも特権的存在として扱われたのが、天皇の直系親族である弟宮たちでした。明治末に天皇の直系男子(後の大正天皇の息子たち)が複数人誕生します。大正末から昭和期にかけての、天皇や皇族のイメージがマス・メディアに積極的に登場する時期において、彼らはたびたびメディアに取り上げられます。昭和初期には彼らは宮中における政治的発言力の大きさにおいても他の皇族たちと比べて高かったと指摘されており、[6]同時代の天皇(制)を考える上で非常に重要な位置を占める存在だったと言えます。ここまでに何度か言及しましたが、あらためて彼らのプロフィールを紹介しておきます。

秩父宮雍仁(ちちぶのみややすひと)[一九〇二 - 一九五三]

大正天皇第二皇子。淳宮《あつのみや》と称したが、一九二二年(大正十一)、埼玉県秩父地方の名称から秩父宮の号を受ける。陸軍士官学校卒業。二五年渡欧、オックスフォード大学留学、大正天皇の死を受けて帰国。二八年（昭和三）、会津松平家の松平恒雄《つねお》の長女勢津子《せつこ》と結婚、これは戊辰戦争で朝敵とされた会津藩との融和を企図したものとされる。陸軍大学校卒業後、中隊長、大隊長、南支派遣軍参謀などを務め、皇道派系の青年将校に人気があった。そのため二・二六事件のときはその動向が注目された。三七年イギリス国王ジョージ六世の戴冠式に天皇名代として参列。大正期には登山、スポーツの愛好家として知られ「スポーツの宮様」「山の宮様」とも呼ばれた。四〇年肺結核となり療養生活に入ったが、ついに回復しなかった。現在、埼玉県秩父市の秩父神社に祭神として祀られている。

高松宮宣仁（たかまつのみやのぶひと）［一九〇五 - 一九八七］

大正天皇第三皇子。光宮《てるのみや》と称したが、一九一三年（大正二）高松宮の号を受け有栖川宮の祭祀《さいし》を継いだ。二四年海軍兵学校卒業、「海の宮様」と呼ばれる。三〇年（昭和五）、徳川家の子孫である徳川慶久《よしひさ》の次女喜久子《きくこ》と結婚、その後一年余ヨーロッパを訪問する。海軍大学校卒業後、軍令部畑を歩き、四二年大佐となる。太平洋戦争末期、国体護持による和平工作に尽力、細川護貞（元第二次近衛《このえ》内閣首相秘書官）の収集した情報を天皇に伝える役割を果たした。細川の『情報天皇に達せず』（のち『細川日記』と改題）はその間の事情を記したものである。戦後は皇室会議議員、国際文化振興会総裁などを務める。

三笠宮崇仁〔みかさのみやたかひと〕［一九一五 - 二〇一六］
大正天皇の第四皇子。幼称は澄宮《すみのみや》。幼年時代はその詩作で「童謡の宮様」と呼ばれた。一九三五年（昭和十）三笠宮家を創立。陸軍士官学校四八期。陸軍大学校卒業。第二次世界大戦中は支那派遣軍参謀などの軍職にあった。戦時中「この戦争には正義がない」との発言をしたことでも知られている。この間、一九四一年に子爵高木正得の次女百合子《ゆりこ》と結婚。戦後、東京大学史学科の聴講生となり古代オリエント史の研究を始める。歴史学者としての立場から紀元節復活反対の意思表明を行なったり、歴史学研究会会員として活動するなど、自由で進歩的な態度が注目され「赤い宮様」とも呼ばれた。日本オリエント学会名誉会長、日本レクリエーション協会総裁、中近東文化センター総裁などを務めた。著書に『帝王と墓と民衆』（一九五六）、『古代オリエント史と私』（一九八四）、訳書にJ・フィネガン『考古学から見た古代オリエント史』（一九八三）などがある。

この三人の弟宮たちは、戦時中をはさんで戦前・戦後をつらぬいて皇族の地位にあり、当該時期の天皇（制）イメージの好例と言えます。次節から戦前の彼らの図像を検討します。

2　グラフ誌における皇族表象――戦前期

一九二〇年代にグラフ雑誌という媒体が生みだされました。それはさまざまなかたちで人々にビジュアルなイメージを提示していきます。なかでも日本最古のグラフ雑誌『アサヒグラフ』誌は一九二三年に東京朝日新聞社・大阪朝日新聞社発行で創刊され、二〇〇〇年に終刊しました。当初は日刊写真新聞でしたが、創刊七カ月で関東大震災により発行所が被災したため休刊となり、同年一一月に週刊誌として復活します。対米戦争のはじまった一九四一年の段階では約五万部を発行していました。

「組写真」という方法

写真資料を見ていく際に有効な方法として「組写真」への着眼があります。一九二〇年代から三〇年代当時、組写真という形式が採用されていきます。組写真とは、写真、キャプション、テクストが連動するスタイルの「報道写真」のことです。そこでは写真とそれに添えられたキャプションと記事の三者が一つの表象を形作っていると考えられます。写真・キャプション・記事がそれぞれどのように提示されているか、それら三者がそれぞれいかなるかたちでかかわっているかに着目する必要があります[7]。

私たちが雑誌を読むときは、ページを開いて、見開きの状態で読みます。つまり、一枚の写真は単独で掲載されているのではなく、掲載された写真が見開きのページ全体でどのように提示されているかを総合的に考察する必要があります。また、雑誌は月刊誌なら一カ月、週刊誌なら一週間というタイムスパンのなかで編集されていることを考えると、〇月号といった一つの号の雑誌のなかで何がなされているかを調べる一号分析も重要です。雑誌を分析対象とする場合は、通史的にすべての号を見るのと、トピックスを拾い上げるかたちでいくつかの号を見るのと、見開きのレベルでの誌面分析、そして一号レベルでの分析をする必要があります。
以下、一九二〇年代から四〇年代を、便宜的に戦前期と戦中期に分けて、中央の雑誌で皇族の表象がどのように維持されていったかを見ていきます。

産業と学芸の振興者

最初に見ていくのは「産業・技術」にかかわる皇族像です。

図６‐１「秩父宮星工場御成」（一九二三年三月二二日［日刊第五七号］）

図6-1　「秩父宮星工場御成」
（1923年3月22日［日刊第57号］）

図６‐１は、まだ『アサヒグラフ』が日刊紙だったころの写真です。秩父宮が、星一の経営する製薬会社の工場を訪れた場面を描いています。向かって左に立つ丸刈りの青年が秩父宮で、星製薬社長の星一と親密な関係をもつ存在として描かれています。製薬会社も軍事をはじめ、さまざまな社会的インフラを支える企業なので、それ

図6-2　「新築の本社へ御成りの秩父宮殿下」（1927年5月4日［第182号］）

に対して激励し、その振興にかかわっていく存在として写しだされています。にこやかな天皇の写真は検閲に引っかかりましたが（第五章参照）、皇族においてはこの写真のように笑顔を写すこともできました。

図6-2「新築の本社へ御成りの秩父宮殿下」（一九二七年五月四日［第一八二号］）

図6-2は四年後、秩父宮が朝日新聞社の新築社屋を訪れたシーンです。

この写真は、当時の朝日新聞社の社長（右の人物）が屋上から見える景色を指さして、秩父宮に何か説明しているらしい場面ですが、二人が姿勢を崩してくつろいだ様子で立っていること、特に秩父宮に対して社長が直立不動の姿勢ではなく身体を寄せてシンメトリカルな構図で写されていること、二人の距離が近いことなどからわかるように、親密さを強調する写真となっています。すなわち産業に従事する当事者たちとの間に親密な関係を形成していく、産業・技術の振興者としての皇族像をここから読み取ることができるでしょう。

次に「学術」にかかわる皇族像を見てみましょう。

図6‐3「小国民と秩父宮様」（一九二三年七月五日［日刊第一六二号］）

この写真は手前にいるのが小学校の児童たちで、軍服姿で立っているのが学校を訪問した秩父宮です。この写真では児童たちと同じ側に立っており、きわめて近い距離で児童生徒学生の活動を視る学術の振興者としての姿が描かれています。

図6‐4「御徒歩で御通学の澄宮殿下」（一九二三年一二月五日［第四号］）

生徒学生が教育を受ける様子を皇族が視察することで、学芸振興をはかるあり方はこれまでもよく指摘されていましたが、図6‐4では学習院の制服に身をつつみ通学する澄宮（後の三笠宮）が描き出されています。

図6-3 「小国民と秩父宮様」
（1923年7月5日［日刊第162号］）

この写真で澄宮は学校において自らが学ぶ主体として写されています。そのうえで誌面分析的な視点で見れば、写真に写された澄宮の視線の延長上に「紙上子供展覧会写真募集」の広告があることに注目する必要があります。つまり、通学する澄宮の写真は、この広告と相関して提示されており、子ども澄宮という学校に徒歩で通う存在は、子どもたちにとっての規範的なあり方と同時に

図6-4　「御徒歩で御通学の澄宮殿下」（1923年12月5日［第4号］）

理想的な子供像として描き出されていると言えます。

「芸術」とのかかわり

当時は写真が、最先端の技術であると同時に芸術としての側面が語られはじめた時期でもありました。

図6‐5「芸術に興味を有させ給ふ秩父宮殿下」（一九二三年三月一七日［日刊第五二号］）

図6‐5の写真は上野で開催された日本美術院の展覧会、いわゆる院展に秩父宮が台覧した際の写真です。この時期の秩父宮の写真はカメラ目線のものが多く、この写真でもカメラを向いてポーズをとっていますが、絵画という、この時期にはすでに高級な芸術としてのステータスを獲得していた、いわゆるハイ・カルチャーを鑑賞・消費する主体として表象されています。

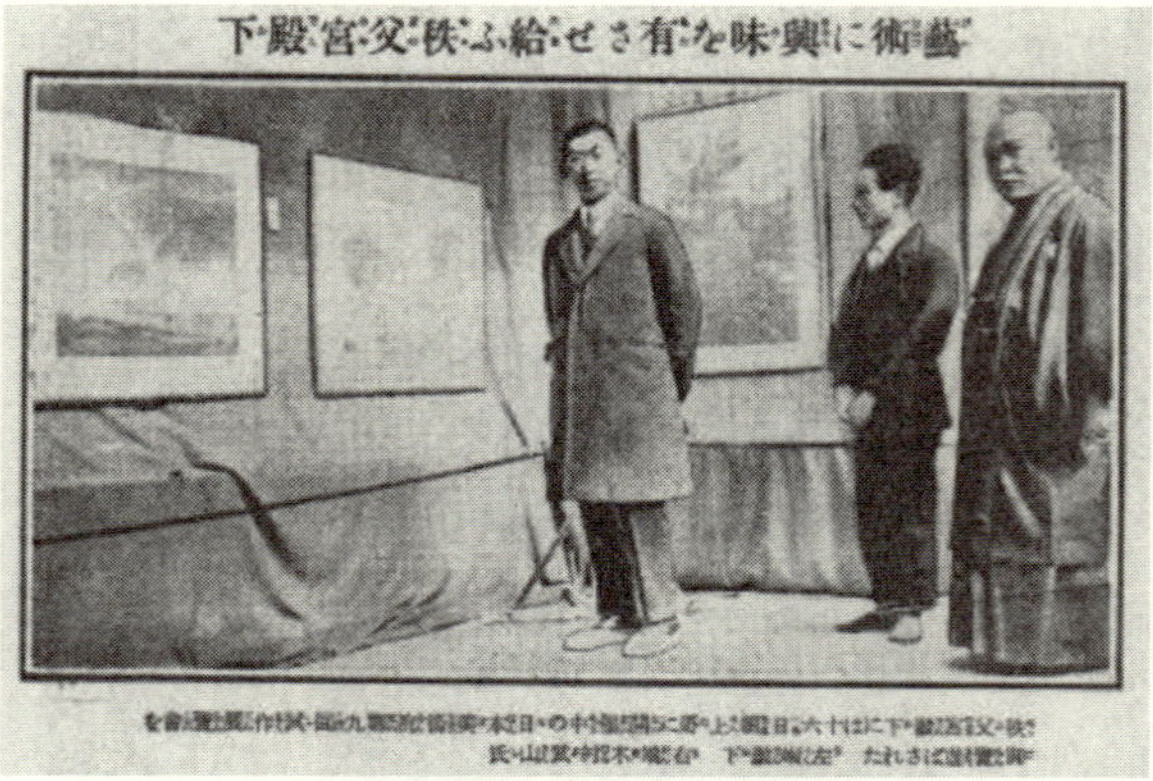

図6-5　「芸術に興味を有させ給ふ秩父宮殿下」
（1923年3月17日［日刊第52号］）

そもそも天皇・皇族は、ハイ・カルチャーと深い関係性をもつ側面を有しています。戦後も、天皇は院展・日展にしばしば行きますし、芸術院のメンバーとの会食も催されます。ただし、平成の美智子皇后が近年この傾向を崩していたことは注目に価します。

美智子皇后は熊本県を訪れた際、出迎えた県のゆるキャラである「くまモン」の着ぐるみを前に、「くまモンさんはおひとりなの？」と質問し、周囲をあわてさせたことがありました（二〇一三年一〇月）。ゆるキャラの着ぐるみには交換用のスペアがあるだろうし、「中の人」と呼ばれる演者もおそらく複数の担当者がいて、交代で着ぐるみに入って演じているのだろうことを私たちは知っていても口には出さず、あたかも一体だけで活動しているかのようにみなすことで、ゆるキャラの同一性を認知し、その活動を享受しています。ところが、美智子皇后の発言は、ゆるキャラがもっている唯一性という制度的な文脈をゆるがすものでした。

また、これに先立って、美智子皇后は、東京・六本木ヒルズ内森美術館で催された「LOVE展」

に出展されていたヴァーチャル・ボーカロイド「初音ミク」を見て、「これがミクちゃんですか」と言及したと報じられたこともあります（二〇一三年八月）。ハイ・カルチャーと認められたもののみが皇室に届くものであったはずなのに、ゆるキャラやヴァーチャル・アイドルといったサブカルチャーに自ら侵食していく側面が美智子皇后にはありました。これは一つには一九九〇年代以降、ハイカルチャーとサブカルチャーの差異化がなされなくなっていく傾向とも共起的なものと考えられるでしょう。

ただし、戦前においてはまちがいなくハイ・カルチャーに親炙し、アッパー・クラスとしてそれらを承認するのが、皇族の役割として表象されていたのでした。

「スポーツ」とのかかわり

学術や芸術と並んで、当時皇族の表象を考える際に重要なのはスポーツとのかかわりです。次の図6‐6は、秩父宮が白糸の滝を訪れた際の写真です。

図6‐6「秩父宮様白糸瀧へお成り」（一九二七年八月二四日〔第一九八号〕）

滝を背景に岩に腰かけてくつろいでいる秩父宮の姿が写されていますが、かたわらに直立して控えている侍従武官の姿があることによって岩に腰かけている青年が権威のある人物（皇族）であることを示す表象になっています。また、この写真に添えられている記事のテキストも興味深いものです。

図6-6　「秩父宮様白糸瀧へお成り」
（1927年8月24日［第198号］）

「今年二度目の富士裾野板妻庁舎に御滞在中の秩父宮様が九日御微行で静岡縣白糸村の白糸瀧へ御成りになりました、滝壺のお茶屋ではいつもの兵隊さんが見学に来たのだと濃茶をすゝめましたところが宮様だと知つたお茶屋の者どもの驚き恐縮さ加減は一通りではありませんでしたサイダーをお注ぎするのに手が震えて注げなかつたそうです。丁度そこへ居合せてゐた大阪府の観光客二十名あまりが御一緒に観光の光栄を国への土産にと殿下御帰りの後はお休みになつた椅子や岩に変わる〳〵腰を下ろし、果ては殿下の召し上がつた残りの富士梨を小刻みにしてお裾分け口のお土産にしました、大宮町ではお買上の栄を得たパン屋が近所合壁共々集つてその光栄を祝ふなど殿下の御徳を慕ふはで更け易き夏の夜も忘れて今もなほ尽きせぬ語り草となつてをります。」（『アサヒグ

ラフ』第一九八号より）

皇族の座った岩が一種の聖蹟となって、そこに座るだけで何かよいことがあるように語られています。また、食べ残した梨を土産にするなど、かつて明治天皇が全国を巡幸したときと同じような反応が見られますが、同時に、この記事の文体がどこか軽やかな雰囲気を漂わせていることからもわかるように、天皇のような神聖性というよりは、「平民性」とも共存しうる「スター性」とでもいうべきあり方にも通じる側面が描かれています。

図6-7　「北アルプスを縦走　秩父宮殿下」（1927年9月 7日［第200号］）

秩父宮が「山の宮様」と呼ばれるようになったのは日本アルプスを登攀したことによります。図６‐７の写真は、秩父宮の日本アルプス登攀を記念する「秩父宮殿下御登山号」の表紙です。

図６‐７「北アルプスを縦走　秩父宮殿下」（一九二七年九月七日［第二〇〇号］）

図６‐７は、青年皇族の秩父宮が同

行の登山家たちとともに山肌に腰かけ、談笑しつつ昼食をとる姿です。この写真はスポーツプレイヤーとしての皇族のあり方を明示するとともに、登山家たちとの親密な関係性も提示しており、「平民」性と親しみやすさを共存させているものだと言えます。

政治的主体

皇族の政治的主体としてのあり方についていては、内政と外交とに分けてみていきます。

関東大震災から復興していく東京を視察する秩父宮の姿を映した写真があります。「内政」を総攬する天皇の代補者としての皇族の表象です。

図6-8「東京市復興御視察の秩父宮殿下」（一九二七年五月二五日〔第一八五号〕）

平服に喪章をつけて視察する秩父宮の写真のまわりには橋の写真が配置されています。これらの橋は震災で壊れたものの、復興によって回復した東京の象徴としてあるのでしょう。ちなみに、関東大震災当時は皇太子（後の昭和天皇）が摂政宮でしたが、最初に被災地としての東京を視察したのは秩父宮でした。その秩父宮が喪章をつけて被災者を追悼しつつ、復興により架けなおされた橋をめぐることで、天皇の代補者として東京の新たな様相を承認する場面と言えるでしょう。

次に、外交主体としての皇族像を見ていきます。次の写真は象徴的な一枚です。

図6-9「出雲艦上　美しきお別れ」（一九二五年六月一〇日〔第八三号〕）

外遊に出る秩父宮（写真左側）と、見送る皇太子（写真右側）の姿です。「秩父宮殿下横浜を御鹿島立の日、お見送りの兄の東宮殿下と暫し艦橋に、歓呼湧く陸上を見そなはせられた」というキャプションが添えられています。見送る兄・皇太子が直立した動きのない姿勢であるのに対し、秩父宮は艦橋の鎖をつかみ、腰に手をあてた、やや開放的な姿です。この当時すでに摂政として、父・

図6-8　「東京市復興御視察の秩父宮殿下」
（1927年5月25日［第185号］）

図6-9　「出雲艦上　美しきお別れ」
（1925年6月10日［第83号］）

大正天皇の代わりに政治の総攬者としての立場にあった皇太子が、より自由な立場にある秩父宮を自らの代補者として海外に送り出す場面ですが、二人の視線が同じ方向を向いていることも、身体の近さも、皇太子の「兄弟」としての弟宮、政治的主体としての近さを示していると同時に、皇族についてはより自由で「平民的」とも言いうる姿が示されているのは確認できるでしょう。

軍事とのかかわり

図6-10　「英国大演習御観戦の秩父宮」（1925年10月28日［第103号］）

最後に、皇族と軍事とのかかわりについて見ておきます。

次の写真は、留学中にイギリス陸軍の演習に参加した秩父宮です。

図6-10「英国大演習御観戦の秩父宮」（一九二五年一〇月二八日［第一〇三号］）

この写真で面白いのは、秩父宮がくわえ煙草で地図を見ていることです。側にいる士官も笑顔を見せており、かた苦しい印象は受けません。この写真が掲載された同じ誌面の右側には、仙台で行なわれた日本陸軍の大演習を、摂政として父・大正天皇に代り統監する皇太子の写真が併載されています。キャプションには「御乗馬にて摂政宮　統監部に行啓」とあります。この二枚を比較すると、皇太子が騎馬であるのに対し秩父宮は徒歩、皇太子の視線は全体を見渡しているようなのに対し秩父宮は手元の地図を見ているというように対称的です。この差別化からは、演習の統監を行なう大元帥の代理としての皇太子に対して秩父宮は序列化された存在であることが見てとれます。

図6-11　「文武御両道に御多忙の秩父宮殿下」(1923年3月11日[日刊第46号])

戦前期まとめ

これら戦前期の皇族の写真からは、産業・技術・学術・芸術・スポーツの振興者として、内政・外交にわたる政治的主体として、軍事的主体としての姿が読み取れますが、同時にさまざまな様相が混在していることも指摘されます。

図6・11「文武御両道に御多忙の秩父宮殿下」(一九二三年三月一一日[日刊第四六号])

誌面上半分にあるのは軍事的・外交的

主体としての在り様ですが、下に配置されたのは観劇に訪れる秩父宮の写真です。親しみのある国民の規範としてのあり方と、天皇に準じるような指導者としてのあり方、さらにはこうした写真が雑誌の表紙に掲載されることで人々の購買意欲を誘うという消費対象として皇族があったことが読み取れます。

こうした戦前期の皇族像には、一元的な表象に陥りがちな天皇・皇后・皇太子の図像と比較して、境界性をもちえていたと解釈できるでしょう。

3 グラフ誌における皇族表象——戦中期

戦中期の皇族の図像について、先行研究では天皇の図像について、戦前はある程度まで平民的であったものが戦中期は神秘化され軍事化されていったことが指摘されていますが、皇族図像についてはむしろ多様性のなかに投げ出されているといえます。

産業と学芸の振興者

次の写真は、三笠宮が三井三池炭鉱に視察に訪れた際の写真です。

図6-12「畏し、三笠宮殿下　三池四山坑御視察」（一九四二年九月一六日［第九八二号］）

キャプションには「産業戦士等一同は殿下の御英姿を拝したゞ〳〵感激申上げると共に、その心

図6 - 12　「畏し、三笠宮殿下　三池四山坑御視察」（1942年9月16日［第982号］）

図6 - 13　「武漢大学御視察の高松宮殿下」（1939年4月10日［臨時号］）

に増産報国の誓いを益々深めたのであつた」とあり、産業に従事する人々に栄誉を付与する役割が描かれていますが、同時に鉱山服にヘルメットという服装は「産業戦士」、すなわち炭鉱内の労働者と同一の表象を身にまとっています。産業振興にかかわる皇族像は軍服に勲章という定番化した姿とは異なり、戦中もなお「平民」性を提示しています。

次の写真は武漢大学を視察する高松宮です。

図6 - 13「武漢大学御視察の高松宮殿下」（一九三九年四月一〇日［臨時号］）

大学の視察という学芸の振興者としてふるまいながら、周囲の軍人たちと差異化できない軍服姿です。学芸の振興者と軍事的主体としての様相との複合が進行していると言えます。

政治的主体

外交の主体としての皇族にかかわる重要な一枚です。秩父宮は英国王ジョージ六世の戴冠式に天皇の名代として出席する際にアメリカにも立ち寄っていました。

図6‐14「秩父御名代宮殿下　米大陸に御上陸」（一九三七年四月二八日［第七〇三号］）

図6‐14　「秩父御名代宮殿下　米大陸に御上陸」（1937年4月28日［第703号］）

この記事の上の段で、右側でカメラを構えているのが在ニューヨーク総領事の息子を撮影する秩父宮、左側に立っているのは秩父宮妃、下の段は在米邦人による奉迎のようです。キャプションに「御名代宮殿下」とあるように天皇の名代として表象されていますが、上の段の図像は興味深い構図です。撮影されている総領事の息子は背を向けていて、幼児であるほかは誰ともわからず、一九二八年に結婚し子どもがない秩父宮夫妻とあわせて疑似家族像になっているのです。天皇（制）は天皇の肉体によって支えられているので生殖がきわめて重要な位置を占めており、前述のように、皇族たちは天皇の「血のスペア」であることが求められていたわけですが、子どものいない皇族は天皇（制）システムに不安定さを招来する可能性がありました。この写真は、まだ子どものできない秩父宮夫妻の未来を欲望するテクストであると言えます。

軍事とのかかわり

図6・15　「上海戦線御視察の高松宮殿下」（1937年12月8日［第735号］）

図6・15「上海戦線御視察の高松宮殿下」（一九三七年一二月八日［第七三五号］）

図6・15の写真は、軍服に身を固めた高松宮の周囲に余白をつくり、戦地の風景を写す、皇室図像に共通の構図です。天皇は軍の大元帥ですが、天皇自身は戦地に赴かず、こうした皇族たちが〈大元帥〉天皇を代理／表象していると考えられます。

戦中期まとめ

戦中の皇族表象は軍事色が濃厚化しているが、同時に戦前のありようも色濃く引き継ぐ側面もあります。天皇・皇太子のあり方がある程度一定して軍事的な方向へ転換していったのに対して、そこにある種の自由裁量の余地が残されたものとして皇族の図像をとらえることができるでしょう。

〈注〉

(1) 右田裕規「「皇室グラビア」と「御真影」―戦前期新聞雑誌における皇室写真の通時的分析―」『京都社会学年報』第九号、二〇〇一。
(2) 青木淳子「雑誌『皇族画報』にみる近代皇族ファッションのイメージ―軍服とドレス―」『コンテンツ文化史研究』第八号、二〇一三。
(3) 右田前掲二〇〇一。
(4) 小山亮「戦時期における昭和天皇の視覚的支配」山田朗編『「もの」からみる日本史　戦争2　近代戦争の兵器と思想動員』青木書店、二〇〇六。
(5) 川村邦光『聖戦のイコノグラフィ――天皇と兵士・戦死者の図像・表象』青弓社、二〇〇七。
(6) 後藤致人『昭和天皇と近現代日本』吉川弘文館、二〇〇五。
(7) 今橋映子『フォト・リテラシー――報道写真と読む倫理』(中公新書、二〇〇八)を参照。

第七章　僻地と国民国家——戦前期秩父における秩父宮の表象

本章では「僻地」と呼ばれる地域と皇族とのかかわりを見ていきます。ここで取り上げるのは埼玉県秩父地方です。秩父地方は関東にありながら埼玉県の山間部に位置し、東京へのアクセスがきわめて悪い場所でもあります。こうした辺境性をかかえた土地において、中央とむすびつきの強い皇族の訪問がどのように受けとめられたのかを、戦前期秩父における秩父宮の表象がいかに展開したのかを見ることによって考えていきたいと思います。

1　僻地としての自己認識と「われらが宮様」

秩父郡の歌

地域—中央の関係は自然に生まれたものではなく、制度的に生成していったものです。最初から中央と地方という差異があったわけではなく、中央が措定されることによって地方が生まれ、中心が生まれることによって周縁が生成していきます。つまり近代化の過程でいやおうもなく周縁化されてしまった土地があるのです。

埼玉県秩父地方は関東平野の西端に位置し、秩父山地に囲まれた地域で、現在でこそ西武池袋線と連絡している西武秩父線が運行していますが、戦後、一九六九年に同線が開業するまでは東京からのアクセスはすこぶる不便な地域でした。江戸時代末には絹織物生産がさかんでしたが、明治になってから外国産と競合して絹の価格が下落し下火になります。つまり、近代化から取り残された土地、むしろ近代化によって生まれた僻地の一好例だと言えます。

その地域に作詞が佐々木信綱、作曲が信時潔の、「秩父郡の歌」という歌曲があります。この歌は、一番で秩父の山や川などの具体的な自然を扱い、二番で絹や和同開珎の銅、杉、ヒノキなどの産業文物を織り込んだ歌詞になっていますが、最後の三番の歌詞では皇族・秩父宮が織り込まれています。

「いとも畏し皇子の宮／栄光ある御名に負ひましつ／尊とき誉この光／世に輝かせいざ共に／秩父秩父わが秩父」（佐佐木信綱・作詞／信時潔・作曲、一九二八年九月）

この歌詞自体は一九二八年九月、「御大典記念」すなわち昭和天皇の即位大礼を記念する歌として作られました。しかし、そうであるならば、なぜ昭和天皇ではなく、その弟である「皇子の宮」＝秩父宮が「主役」であるかのように特権的に扱われたのでしょうか。

秩父宮という宮号について、『皇族身分録　大正十一年』では次のように説明されています。

「雍仁親王殿下ノ宮号ハ秩父嶺ノ名ニ取リタマヘルモノナルカ、秩父嶺ハ明治天皇ノ酋メタマヘル帝都所在ノ武蔵国ノ名山ニシテ、殿下ノ住マセラルル青山御殿ノ西北遥ニ連レリ、往古景行天皇ノ御代ニ日本武尊奥羽御平定ノ後、甲斐ニ入ラセラル、ヤ、往復共ニ此ノ地方ヲ経由アラセラレシハ之ヲ史乗ニ徴スヘク、其ノ御遺蹟ハ秩父郡ノ各地ニ今猶存在シ、古来由緒モアル地方ノ山ナルヲ以テ斯ク御選定アラセラレタルナリ」（宮内省宗秩寮『皇族身分録　大正十一年』）

ここでは明治天皇と秩父宮本人における地域との間接的な関係性が描かれると同時に、皇室の「歴史」（ヤマトタケル伝説）との連関から宮号の下賜がなされたとして描かれています。ちなみに、秩父にはヤマトタケルの兜を納めた山が霊山として扱われていたり（武甲山）、ヤマトタケルが火攻めにあったときに山（宝登山）から狼（神の使い）がやってきて火を消して助けたりといった古代の神話的な物語と関連づけた伝承が残されています。

秩父宮という宮号は、近代皇族の宮号として、はじめて関東の地名が採用された事例になりました。なお、秩父宮は宮号が宣下される以前の一九一四年にすでに一回、宮号宣下の後には一九二二年、二五年、三三年と三回秩父を訪れており（表7-1）、地域の人々とも深くかかわっています。結核を患った秩父宮は一九四〇年から療養生活に入り、一九五三年に死去しますが、秩父宮妃勢津

表7-1　秩父宮による秩父訪問年表

年月日	同行の皇族	訪問場所
1914年11月2日	高松宮宣仁親王 伏見宮博信王 山階宮藤麿王 山階宮萩麿王	宝登山神社
1922年11月26日		秩父神社　秩父織物協同組合 秩父第一小学校　丸大織物工場 宝登山神社
1925年5月11 ～12日		秩父神社　秩父織物協同組合 三峰神社　橋立鍾乳洞
1933年8月15 ～20日	秩父宮妃勢津子	秩父神社　秩父織物協同組合 宝登山神社　三峰神社

（筆者作成）

子はその後もほぼ毎年のように秩父を訪れており、地域と密接な関係を形成した土地でもあります。

地域からの寄り添い

秩父地域での秩父宮表象の特徴は、地域から皇族への親密な関係形成への希求です。地域との関係形成に関する言説としては、一九二二年六月の宮号宣下の報道があります。次の記事は、宣下の報を受けて、当時の埼玉県知事が青山の皇子御殿に伺候した折のコメントを伝えています。

「関東の地名を選ばれたのは秩父宮が最初　祝詞を奉呈して帰つた　堀内知事謹んで語る」

「特に本県の名山を御選びになつて秩父宮と仰せらる、ことは県民とともに深くおよろこび申し上げる次第で今朝宮邸に伺候賀詞を／奉呈したが先帝の遷都以来多くの宮殿下の御称号は常に関西の地名にちなんだものでこれを関東から御選びになつたとは秩父宮を以て最初とするので殊にそれが本県の山からおえらびなされたとは誠に有難い極はみでこれによつて皇室と本県とは一層お親しみ深く感ぜらる［。］前田伯から伺へば赤坂の宮御殿から遥々秩父の／連山が見え殿下には朝夕その遠景に御敬慕あらせられたと拝聞したが帝都に誕生あそばされ関東の地におそだちあそばされたので誠に意義深い」（『東京日日新聞』埼玉版、一九二二年六月二七日五面。傍点＝引用者、以下同）

このように宮号と地名のつながりから、秩父地方を擁する埼玉県との関係が語られるとともに、皇族本人が同地域への関心をもっていたことが語られます。

若林正丈は一九二三年の裕仁皇太子による台湾行啓の際の地域における諸イベントを「求愛劇」と指摘していますが[1]、前掲記事では、埼玉県の一地域の名前と宮号のつながりから、同地域を包括するエリートである埼玉県知事と天皇（制）の一端を担う存在（皇族）が「親しみ」の応答をかわす構図が確認されます。

こうした、秩父地域と皇族との関係性を語る言説は、その後も繰り返されます。野原剛堂『秩父案内記』（時声社、一九二五）という本があります。これは秩父地方の外部に向けた自己表象を提示するテクストです。著者自身による「はしがき」には秩父について「或る者は埼玉県の北海道である、日本の隠れたる宝庫である秘密国である、チベットであるとも申して大変に人気を呼び、物珍しい掘り出し物でもあるかの様に言はれて居る」とあります。北海道やチベットは当時の文脈では辺境を意味していましたから、秩父が僻地であるという自己認識があるとともに、「日本の隠れたる宝庫」という表現には自己卓越化の萌芽も読みとれそうです。

この『秩父案内記』には同地の地域エリートの一人であった堤新六（秩父郡医師会会長・埼玉県議会議長）による「序文」が冠されていて、そこには次のようにあります。

堤新六「序文」（野原剛堂『秩父案内記』時声社、一九二五）

「吾秩父は拾数年前までは埼玉縣に於て比較的文化程度の低き山間僻陬の一異郷として世間から誤解されて居つたのである［。］然るに近年急速に変化を来し秩父の名は漸く各方面に知れ渡り［、］今や埼玉県の宝庫として重要なる地位を占むるに至つたのである（略）吾々が茲に特筆大書すべきことは畏くも秩父宮殿下宮号御宣賜により一躍埼玉縣の秩父にあらず日本の秩父として天下に其名を知らるるに至つたことである［。］宮号の御宣賜あらせられたことは地方民の喜びに堪へざる所であるは言ふまでもなく同時に吾々は大に国民精神の作興を図り堅実なる思想を涵養し勤勉努力を以て秩父の名誉を傷つけざる様心懸けねばならぬ」

「文化程度の低き山間僻陬の一異郷」と、ひどい言われようをしていた秩父について、〈僻地〉として見做す自己認識があったことが示されていますが、その地名が皇族の名に冠せられることによって、「日本の秩父」として有名になったという言説です。語り手は秩父が中央から疎外された地域であるととらえていたのに、皇族との名前を通じた関係形成によって疎外感が解消されたと感じているのです。ここで「国民精神の作興」という言葉が使われているのは、おそらくは一九二三年一一月、関東大震災を契機として出された「国民精神作興ニ関スル詔書」を意識してのことでしょう。同詔書は、個人主義、民主主義、社会主義を念頭に置いてそれを戒め、国民に質実剛健を求める内容でしたが、「堅実なる思想を涵養し勤勉努力を以て」という表現は詔書のそれを踏まえたものと言えます。

　秩父の名誉に関する言説は、一九二二年一一月の秩父宮の「御成」に際して、秩父郡長が提示したものにも確認されます。

「美点長所を益々助長し　秩父郡民は自重せよ　不心得をして御名を汚し奉るな　関口秩父郡長謹話」（『東京日日新聞』埼玉版、一九二二年一一月二六日五面）

「若し郡下各般の事業振はず郡民中心得ちがひのものを生ずるにおいては或意味において秩父殿下の御名を汚し奉るもので誠に畏れ多い次第であるから郡民たるものこの際一層緊張し公私上下相いましめて大いに自重せねばならぬ」

　つまり秩父に住む人々の公私にわたる行動について、その規範として秩父宮を設定し、秩父から不道徳な者が出たら皇族の名を汚すことになるのでそれを避けようというわけです。そもそも、秩父という地名がもともとあって、秩父宮という宮号はその地名を冠してつくられた経緯なのですが、皇族に地域の名前が冠せられた結果、地域住民には規範的な行動が要請され、地域住民が失態を犯すことは皇族の名を汚すことになるから禁ずるという、倒錯した言説構造になっています。これはいわば、人々を天皇(制)国民国家の規範的な存在として統制する言説と言えるでしょう。僻地としての自己認識をもつ地域社会が、国民国家の一員として参入していく言説なのです。

秩父事件という傷

そもそも、なぜ秩父という地域は僻地という自己認識をもっていて、国民国家に参入したいという欲望をもつのか。それを考えるために、次に秩父郡教育会によって編まれた『秩父郡誌』(秩父郡教育会、一九二五)を見ていきます。この『秩父郡誌』は、「発刊の辞」に秩父宮「御成」という「我が郡の殊寵を恒久に記念せんが為」に編集発刊されたとされるテクストで、秩父郡の地域エリートたちによって作成された、地域内のマスター・ナラティヴとして位置づけることができます。内容は秩父郡の地理・民俗・行政について叙述したもので、「第一篇　自然地理」「第二編　人文地理」「第三編　沿革」「第四編　風俗」「第五編　町村誌」「第六編　昭和余光」「第七編　我郡の殊寵」という構成になっています。

このうち、例えば「第六編　昭和余光」には、どういう皇族が秩父を訪れたか、どのような勲章を受けた人間がいるか、新嘗祭にどのような供物を献上したかなどについて記されています。ところが、「第七編　我郡の殊寵」は「秩父宮家御創立」「秩父宮殿下本郡御成」の二項目のみです。つまり、皇族の宮号に秩父という地名が冠せられた、秩父宮が当地に来訪した、というその二つだけで第七編のすべてが構成されているのです。秩父宮を寿ぐ言説がテクスト全体の最後に置かれているということは、このテクスト全体が秩父宮を称揚するためのものという性格をもっていることをあらわしているでしょう。

秩父宮を称揚するという性格上、このテクストは全編において秩父郡のポジティブな面を前景に出して叙述されていますが、一か所だけ、秩父郡のネガティブな側面が記されています。それが「第三編　沿革　第十四節　災禍」で、二つの事件がトラブルとして挙げられています。一つは水害で、もう一つは「明治十七年の事変」。いわゆる「秩父事件」の記述です。

秩父事件は近代民衆史のなかでも名高い民衆蜂起です。秩父地方のかつての繁栄は、絹織物を生産することによって得た利益によっていました。しかし、明治時代に海外との貿易がはじまることにより、絹織物の原料である生糸の価格が暴落し、秩父の産業としての織物業は崩壊、困った人々は高利貸しから借金を重ね、生活困窮者が多数出ます。一八八四年、いよいよ生活が立ち行かなくなった人々は、地元の有力者を中心に秩父困民党を結成、竹槍と火縄銃で高利貸しの屋敷を襲撃します。産業が壊滅し、こんな窮状になったのは新政府の開国政策のせいだと考え、「天朝様ニ敵対スルカラ加勢ヲ」といって団結し、大規模な反乱を起こしました。この出来事を『秩父郡誌』は

「災禍」という言葉で表現しています。

秩父事件は、戦後になって近代日本の民衆運動の走りとして高く評価をされている出来事ですが、『秩父郡誌』が編纂された当時の、出版規制もある時代状況においては、秩父事件をポジティブにとらえることはできませんでした。むしろ、きわめてネガティブに、正当性のない暴動、反社会的な出来事として記述しています。『秩父郡誌』における秩父事件のネガティブな記述は、土地として、天皇(制)国民国家へ反逆した記憶を歴史としてもっており、それゆえそのことをネガティブにとらえなければならないという言説構造が理由となって展開されていると見ることができます。

秩父事件という、同時代にはネガティブにとらえることを要請されている記憶をもった土地であることを念頭に置けば、この『秩父郡誌』というテクストの性格が見えてきます。ここには、秩父宮との関係形成によって得た国民国家との寄り添いが表われているのです。同地に深く刻まれていた反逆の記憶を解消し、天皇(制)国民国家からの一種の赦しとして機能し得た「我郡の殊寵」として、皇族への秩父宮号の宣下、秩父宮の同地への「御成」をとらえていたと考えられます。地域にとって〈負〉の記憶を反転させるものとして、天皇(制)国民国家との関係形成が描かれているわけです。そもそも地域というもの自体が、近代化の過程における政治的・経済的・文化的力関係の形成だと考えるなら、中央への帰属を期待することは当然だったとも言えるでしょう。

つまり、近代化によって僻地とされた地域、また反逆という傷をもつ地域としての秩父地方に、国民国家との関係形成という福音をもたらす存在として、秩父宮は表象されたのです。

応答する秩父宮の姿

秩父地方からの期待と要請に対して、秩父宮は応答していきます。

一九二二年の「御成」は、埼玉県知事から複数回にわたって宮家に要請を行なうことによって成立しました。その直前には次のような記事が出ます。「秩父宮殿下は自動車で御探勝　絶景の地は特に徐行」（『東京日日新聞』埼玉版、一九二二年一一月三日五面）には「宮殿下御通行の当日は市街地及び風景絶佳の場所だけは特に徐行する筈」とあります。人の住む町と観光地は、秩父宮を乗せた車はゆっくり走るに違いない、つまり、秩父宮を乗せた車の列を見ることができることを伝えているのです。その当日の記事には次のようにあります。「初雪淡き秩父嶺に　御興深きを拝す　秩父宮昨日秩父へ成らせらる　御英姿を拝せんと途上に集ふ県民」（『東京日日新聞』埼玉版、一九二二年一一月二七日五面）と題した記事では「約十里にわたる沿道には殿下の御英姿を拝せんものと官民並びに各小学校生徒堵列せる中を殿下には一々挙手の礼を賜ひ」と、秩父宮が、皇族を見たいという人々の要望に応えていることを報じています。

一九三三年の「御成」では、秩父宮は、一九二二年の「御成」を記念して三峰山上に設置された一九二九年建築の貴賓館を訪問しています。「光栄に輝く　秩父の山々　先年の御登山を記念する三峰山上貴賓館」（『東京日日新聞』埼玉版、一九三三年八月一三日一一面）という記事には「建設以来毎週二回、神社の人々が心をこめてお掃除申上げる以外未だかつて何人も入れないので今回初めて御用に立つ」と、秩父宮が投宿するために造られた貴賓館を訪れて、「御満足気」な秩父宮が描かれています。

また、「われらの宮様」という表現も見出されます。「御名残惜しくも　けふは愈々御下山　御帰途長瀞を御探勝」（『東京日日新聞』埼玉版、一九三三年八月一九日一二面）には「「われらの宮様」として御迎へ申上げた」とあります。これは地域からの積極的な関係形成と天皇（制）国民国家との接続の要請です。

こうした歓迎に秩父宮も応えます。秩父を「わが里」と呼んだことが報じられています。「「わが里」とお親しみ　光栄の秩父　両殿下を御送り申上げて　広瀬知事謹んで語る」（『東京日日新聞』埼玉版、一九三三年八月二二日一二面）には、「殊に秩父を「わが里」とお親しみ遊ばされ［、］秩父の人々にも御懐みを持たれ［、］秩父の杉の苗木、岩ひば、霧藻をお持ち帰りになられました」とあります。秩父の人々から「われらの宮様」と呼ばれた秩父宮が、秩父を「わが里」と呼ぶことは、皇族からも秩父の期待と要請に積極的に承認を与えていくという言説構造が成立しているといえるでしょう。

秩父における秩父宮言説は、皇族が地域から求められたものに応えていくという構造でとらえていくことができますが、小さなノイズも見てとれます。そのノイズがはらまれることによって、規範性を脱構築していく側面があります。次項ではそれを見ていきます。

2　自己卓越化の語りと秩序撹乱の可能性

戦前の秩父地方における秩父宮言説のなかでも多くみられるものとして、言説を生成する語り手が皇族を媒介として自己卓越化する語りがあります。ここまで検討してきた秩父における言説は、僻地としての傷を負った秩父という地域が、皇族という天皇（制）国民国家における上位の存在とかかわりをもつことによって救済されていくという構造をもっていました。それは同時に僻地としての同地域が国民国家内における地位向上を図る言説にもなります。地域におけるエリートがかかる言説を生成することによって、実質的に自らのステータスを向上させるものだったとも言えます。

自己卓越化の言説

例えば、一九二二年の秩父宮「御成」の際につくられ、それ以後毎年踊られていた「奉祝踊り」というものがあります。一九三三年の新聞記事から歌詞を引きます。

「山は山でも秩父の山はよそのお山とはお山が違ふほらぢやないぞえ自慢ぢやないが七重八重咲く九重の雲の上まで聞えたお山」（「御顔に御微笑　奉祝踊りを台覧　御満足気に拝さる」『東京日日新聞』埼玉版、一九三三年八月一七日一二面より）

この歌詞は、「秩父の山」を「よそのお山」と対比したうえで、「九重の雲の上」という皇室を表象する言葉を使うことで、自らの住まう土地を雲上人に知られた土地として卓越化する言説といえます。このような傾向は同時代の秩父における他の言説にも確認することができますが、ここには天皇（制）国民国家の序列を撹乱する可能性も含まれています。

次は、一九二二年の宮号宣下の直後に生まれた自己卓越化の言説です。秩父神社の宮司は、皇室と秩父との関係について、古代の歴史にふれた後、次のように語っています。

「秩父神社には先年竹田宮殿下の親しく御立寄りあらせられ［、］御手植の松は翠りいや濃く殿下の御前途を祝福し奉るかの如く［、］且つ同社は中古朝廷の尊崇浅からざりし事も国史に明らかである等［、］皇室と秩父とのゆかり浅からざるを知るに足るのである」（「御宮号に選まれた　秩父郡民の歓喜　皇室と秩父との関係　薗田秩父神社々司談」『東京日日新聞』埼玉版、一九二二年六月二八日五面）

秩父という地域の歴史への言及から、唐突にかつて同地を訪れたことのある皇族・竹田宮による秩父神社への「御手植」へと話題が転換しています。そして秩父神社と「中古朝廷」とのかかわりを述べた後、皇室と秩父のゆかりは浅くないと結論付けています。地域と皇室とのつながりに関する話題が、話者が代表する場（秩父神社）へと領有され、実質的に秩父神社の卓越性を語る言説になっているのです。

こうした自己卓越化の言説は秩父神社だけではなく、同じく秩父地方の神社である宝登山神社にかかわる言説にも確認されます。

「秩父宮殿下と秩父との御縁故につき宝登神社に鹽谷社司を訪へば氏は謹んで語る［。］大正三年十一月殿下の一度宝登神社に御参拝あそばされるや［、］付近一帯の奇勝を賞でさせたまふ［。］御幼年ながらも秩父盆地御立入りの記念として何ものかをとの旨／近侍におつたへあり［、］やかて宝登神域に生えてゐる若楓一本をとの旨を奉じて直に奉りたるに殿下はいたくうち興じ給ひ九重の雲深き王子御殿の一隅に御移植あそばされたといふ［。］此若楓こそ今は十年近き年月を経たれば必ずや丈余の幹をなし枝葉の茂りもさこそと拝察する［。］宮号御宣下の今日となつてはこの／一本の楓こそ御因縁の連鎖とも申すべくまためでたき事である」（「秩父盆地お立入り記念に　若楓を九重の奥へ　御用年の折の秩父宮」『東京日日新聞』埼玉版、一九二二年六月三〇日五面）

ここでは秩父宮がかつて淳宮と呼ばれた時代に同神社を訪れたことを想起させるとともに、その際に宝登山の楓をもちかえったことが秩父宮と秩父との関係形成の最初の原因だったとして称揚しており、秩父宮と宝登山神社との直接の関係形成を契機とした自己卓越化の言説となっています。

秩父神社

一九二五年の秩父宮の「御成」にあわせてつくられた記念誌があります。『秩父宮殿下台臨記念誌』（薗田稲太郎編集、秩父神社々務所、一九二五）、編者の薗田稲太郎は当時の秩父神社宮司です。同書の構成は、「秩父宮」の文字一頁、秩父宮の写真一頁、「序文にかへて」（一頁）、秩父宮当人、秩父地方の風物、奉迎の地域住民等のグラビア写真一五葉、秩父神社の紹介を行なう「秩父神社総覧」が一三頁、一九二二年の秩父宮「御成」の記録である「秩父宮殿下台臨の光栄」（五頁）、秩父宮が鑑賞した獅子舞についての説明「台覧の獅子舞」（二三頁）となっており、秩父宮の台覧そのものよりも、編者のかかわる秩父神社と秩父宮のかかわりが前面に出る構成になっています。

まずはこの記念誌に掲載されている、一九二二年の秩父宮「御成」の際に、秩父宮が見たという地域の民俗芸能である獅子舞の記事に注目したいと思います。秩父郡浦山村に伝わる獅子舞について次のように説明されています。

「之を開けば、地方に疫病流行すとの伝説あれども、外包の布片に見ても、近事開函したるを明にせられたりと云ふ。とにかく疫病流行の伝説を、今村人の信仰する事篤ければ、容易に小函を開くべくもあらず。然るに此の調査に当り浦山村尋常小学校長峯慶蔵氏の尽力により調査を了したるものなり。」

この獅子舞に使われる獅子頭はいわくつきのもので、あけると疫病流行などの凶事あるからあけてはならないとの民間伝承を、地域の教育者の手を借りることによって乗り越えたという言説です。

「按ふに秩父の地方、多く獅子舞を所伝するも、郷土民間の娯楽として発達せるは、浦山所伝のものを以て代表とすべく、神事として所伝せられたる代表は、金崎のものを推さゞるべからず。両者畏くも、高貴の台覧の栄を賜りたるは、実に秩父の郷の、土俗の一般を見そなはし給へるものとして、郷土の永く記念すべき事ともなるべし。」

身近な「土俗」を発掘して、それを皇族の台覧に供することで、卓越化し、権威づける構造になっています。つまり前節で扱ったような天皇（制）国民国家に僻地の自己認識をもった土地が参入する言説と隣接する言説を秩父神社が提示していると言えるでしょう。

規範性を逸脱する可能性

『秩父宮殿下台臨記念誌』の巻頭には「秩父宮」の三文字を写した写真が掲げられており（図7-1）、それについて編者が説明するキャプションがあります。

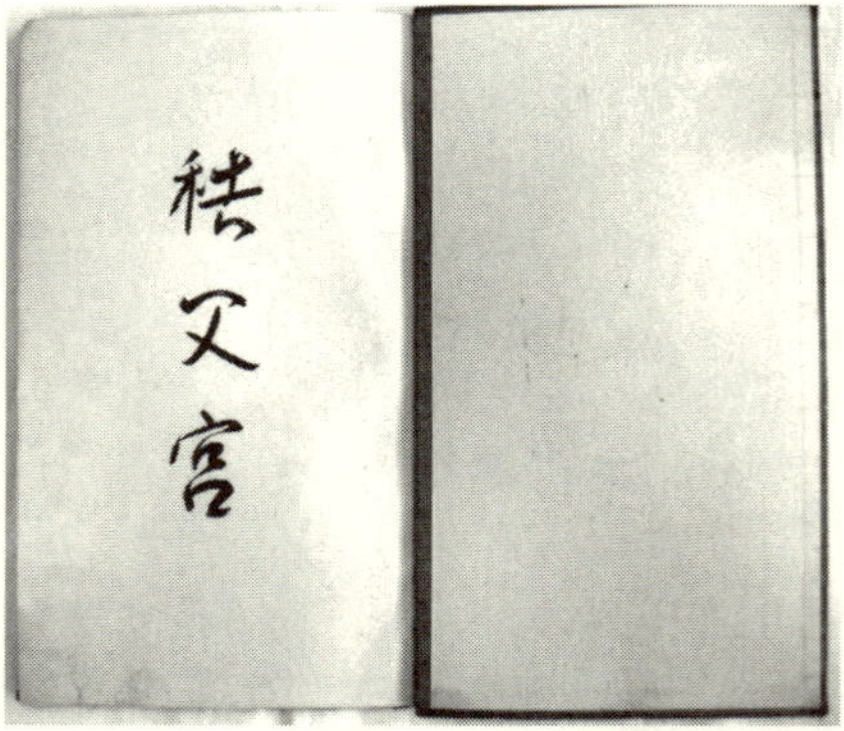

図7-1　『秩父宮殿下台臨記念誌』の扉文字

社家所伝薗田文書の正和年間、乃ち今より六百十余年前の古文書に「秩父宮」の三字あり。もとより此の古文書の此の三字は、当神社の御称呼なりしと雖も、大正の聖代に至りて、畏くも竹の園生の御称呼に同じく仰せ出されぬ。然れば「秩父宮」の三字を、文字に書かれたるものとしては、今皇国の中に之が最も古きものにや。古文書原本より写し拡大して巻頭に掲げ奉る。

つまり、秩父神社に伝わる六百十余年前の古文書に「秩父宮」の三字があった、これは秩父神社の別称だが「秩父宮」という三文字が書かれたもっとも古い例だろうから、現代になって皇族の宮号に使われたのを記念してここに掲げる、ということですが、これは一種異様な引用です。「秩父宮」という三文字のもっとも古い用例は秩父神社の名称であったとして、地域のために皇族との親密性を強調する自己卓越化の言説になっているのですが、それと同時に、この言説は端的な自己卓越化の域にとどまらず、あたかも皇族「秩父宮」の正統性の源は秩父神社にあり、それを秩父神社が承認するという言説ともなっています。つまり、『秩父宮殿下台臨記念誌』という、秩父宮の来臨を記念する冊

秩父宮殿下御成リ記念　中央宮殿下
（秩父神社境内）　右ヨリ薗田社司伊古田秩父町長関口秩父郡長

図7-2　「秩父宮殿下御成リ記念（秩父神社境内）」（前掲記念誌より）

子において、古代からの皇室と秩父との関係性が叙述されるなかで、皇国の歴史においてこれが最も古い用例だとして自らの優位性を語るレトリックは、場合によっては、自己卓越性を高めることを突きつめた結果、同時代における規範性を逸脱する可能性が生れているのではないでしょうか。

こうした、地域のために規範を逸脱するものとして同誌には他にも興味深い写真があります（図７‐２）。写真下欄のキャプションには、右に「秩父宮殿下御成リ記念／（秩父神社境内）」とあり、左に「中央宮殿下／右ヨリ薗田社司伊古田秩父町長関口秩父郡長」とあります。写真右端の神主の装束をつけているのが秩父神社の宮司薗田稲太郎で、写真左側で勲章をつけた秩父宮のまわりにいるのが伊古田町長と関口郡長です。それにしてもこの写真は異様です。「中央宮殿下」とキャプションのとおりなら秩父宮が写真中央に位置しているはずなのに、この写真の中央に大きく写っているのは竹竿です。竹竿が写真を縦断しており、その左側に秩父宮が写っています。

どうしてこんな不自然な構図になったのか。この写真の目的は、秩父宮と親密な関係を形成する地域のエリートたちを描くためのものだったでしょう。その意図は、左端の関口郡長と親しげに談笑する秩父宮が写されていることで成功しています。ただし、この二人を画面中央にすえて写真をトリミングすると竹竿とともに秩父神社の宮司の姿もカットされてしまう。そこで、秩父神社の宮司という地元の名士を、秩父宮を囲む地域エリートたちとともにこの写真におさめるために、あえてこの構図をとったと考えられます。その結果、真ん中に竹竿が写り、その左側に皇族がいるという、皇族写真としては違和感のある構図になったと思われます。

古代史への言及

秩父宮に関連して皇族の権威を攪乱する言説としては、秩父宮号宣下以来、秩父地方できわめて多用されることになる日本古代史への言及があります。なお、ここで言う古代史とは、現代の歴史学で扱う古代史ではなく、まだ初等教育で記紀神話がリアリティをもって教えられていた時代の「古代史」です。

先にも取り上げた東京日日新聞掲載の「関口郡長謹話」をもう一度見てみましょう。

「此の光栄に酬ゆる為め　理想郷を建設したい　関口郡長謹話」（『東京日日新聞』埼玉版、一九二二年七月一五日五面）

由来本郡は皇室と御関係のある歴史を有するのであります［。］崇神天皇の御代に知々夫彦命の此の地の国造たりしことや［、］景行天皇に朝に皇子日本武尊御東征のみぎり御通過あらせられて各地に御遺徳を残させたまひしことや［、］また天明（ママ）天皇の御宇に本郡より／和銅を奉献致しましたことは最も明かな事実であります［。］またちかくは宮様方の本郡にお成り遊ばされたことも郡民の歓喜にたへぬ次第でありました［。］斯様な歴史を有する上にこのたびの光栄に浴しましたので［、］郡民のよろこびは実にこの上もないことであります［。］

「知々夫彦命」とは秩父神社の祭神です。ところで、秩父宮号宣下の際、『皇族身分録　大正十一年』（宮内省宗秩寮）では、秩父について「往古景行天皇ノ御代ニ日本武尊奥羽御平定ノ後」云々と、秩父の歴史を景行天皇（第一二代）の皇子であるヤマトタケルから記述していました。ところが、関口郡長は、崇神天皇（第一〇代）の時代に知々夫彦命が秩父の国造として同地を開拓したと言っています。つまり関口郡長は、ヤマトタケルに先行する神話上の開拓者の存在にあえて言及しているのです。また、秩父産出の「和銅」についてもふれています。中央の言説によって付与された日本〈古代〉の朝廷とのかかわりを説明する物語を、現地のエリートが流用し、それに自らの土地のもつ特権的な要素を付加することで、中央の言説を相対化する言説となっています。古代の東国にとってヤマトタケルは征服者としてあらわれたということを考えたときに、地域の歴史叙述に古代史叙述を埋め込むことによって、その特権性を奪取しているとも言えます。

このような言説の例をもう一つ挙げておきます。

> 「秩父名産太織に就て　綿密なる御下問　その御着眼に一同恐懼」（『東京日日新聞』埼玉版、一九二二年一一月二八日五面）
>
> 特にその出品中頑是ない生徒が、殿下の御成を待ちこがれて、思ひのまゝに筆にした／「秩父の児童は秩父の宮様のやうせいがたかくて、丈夫で活発であります、うちのぢいさんばあさんは宮様を拝みたいとて毎日待ってをります」一文をお目にとめられ御機嫌殊の外うるはしく種々御下問ありおつてこれ等児童の製作品は製本の上御台覧に供すべく献上する筈である

記事で引用されている児童の作文は、長身の秩父宮を参照し、「秩父の児童」の健康さを表象するテクストですが、平民である子どもたちと皇族を類比するのは、不敬表現に容易に転化する可能性があることは明快でしょう。

これら秩父の自己卓越化の語りに、天皇という存在が引きいれられるとどうなるか、次項で見ていきます。

3　不可視化される天皇権威

いま一度、『東京日日新聞』の「関口郡長謹話」を見てみます。

明治天皇の再来

畏くも　第二皇子雍仁親王殿下御成年に達せられ新宮家を御創立あらせられましたとは国民として欣喜にたへない所で御座います殿下は将来皇族方の御首班たるの地位におはしまして明治大帝の御再生とまで国民の謹仰致しまする　皇儲殿下御輔翼の重責を帯ばせたまふ方で御座いまして（「此の光栄に酬ゆる為め　理想郷を建設したい　関口郡長謹話」『東京日日新聞』埼玉版、一九二二年七月一五日五面）

この宮号宣下を受けてのコメントの特徴としては、宮号を与えたのは誰かにふれていないことも挙げられます。そもそも、宮号宣下とは天皇によってなされる行為です。ただ当時はすでに皇太子（後の昭和天皇）が摂政になっていますから、摂政が天皇に代り皇族に宮号を与えるという行為を行なっているはずです。それなのに大正天皇にも摂政（皇太子）にも言及していない。つまり、決定主体である天皇がこの言説においては不可視化され、あたかも皇族（秩父宮）の意志のもとに宮号が選定されたように提示されています。このことは、国民国家との接続にあたっても、いささか不可解な状況を生じさせます。

また秩父宮を一九二〇年の明治神宮創建によって改めて「神」となった明治天皇の「御再生」とみなす言説を提示するとともに、地名を冠した皇族個人とのつながりが焦点化・特権化され、同時代の他の天皇（制）権威が後景化する状況を生みだしています。

このきわめつけとも言えるのが、秩父宮を崇敬対象として扱う言説です。天皇の神格化に関連し皇族も崇敬対象となり得たのは五章でも確認しましたが、秩父の事例においては、当時の規範を踏み越えてしまうモメントがあります。『秩父宮殿下台臨記念誌』に掲載されている「奉告祭祝詞」にそれが見てとれます。

「奉告祭祝詞」（薗田稲太郎編集『秩父宮殿下台臨記念誌』秩父神社々務所、一九二五）

「今日乃生日乃足日爾御車乎進米給比弖比禮乃秩父乃郷爾臨美給比今志大神乃大前爾参来拝美奉里給布賀故爾禮代乃幣帛捧奉里弖乞祈奉良久波親王殿下乃大御稜威波天聳留秩父乃嶺乃高久厳志久大御徳波流禮爽介伎荒川乃水乃廣久洽久大座坐左志米給比食国天下乃大御政乎彌遠爾輔介坐左志米奉里給閉止恐美恐美母白須」（傍点＝引用者）

傍点部の万葉仮名を漢字仮名交じり文になおすと、「親王殿下の大御稜威《おおみいつ》は天そびえる秩父の嶺の高くけわしく大御徳は流れさわけき荒川の水の広くあまねく」となります。ここで注目したいのは「大御稜威」という言葉です。「大御稜威」とは、天皇の威徳を指し示す言葉で、本来、天皇に対してのみ使われるものです。ところがこの祝詞では秩父宮のもつ威徳を表現するために使っているのです。つまり天皇と同様の言葉をもって秩父宮の威徳を表現し、しかも、それを秩父の嶺や荒川の水といった同地域の自然物と類比して扱っているのです。これは中央の存在である秩父宮を、地方の自然と緊密に結びつけ、それを天皇権威と同様のものとして称揚していることになります。この自己卓越化の語りは、天皇権威を実質的に相対化し、皇族を地域に近しいものとして引き寄せていく性格をもつといえます。この祝詞は、秩父宮を端的に称揚するとともに、地域の自然と近しいものとして描くことによって、その権威性を揺るがす可能性を含んでもいます。

秩父宮の御真影

このような、天皇(制)秩序を揺るがすものとして、一九二八年の秩父宮の成婚に際して、秩父地域で展開された言説があります。秩父宮の結婚の当日には、秩父町内でも各種イベントが行なわれました。それを伝える組写真がそれです(図7-3)。

紙面の上の段には秩父宮の乗った馬車の車列の写真があり、中段左には丸い囲みで祭壇に掲げられた写真を「奉拝」している人の姿が写され、奉拝している人のお辞儀の角度の延長線上に秩父宮の乗る馬車があるように配置されています。これは秩父宮結婚式典の行なわれている東京から、遠く離れた秩父にいる人たちが写真を拝することで祝意を表していることを示す構図と言えます。

図7-3　「喜こびの日！」
（『東京日日新聞』埼玉版、1928年9月28日）

この礼拝対象は、この誌面の文脈上、秩父宮の写真だろうと考えられます。ここで、御真影のもっていた意味を思い起こさずにはいられません。御真影は礼拝対象として存在する写真です。ここでは、天皇ではなく、秩父宮の写真が奉拝の対象になっています。公文書を見ると、当時、秩父の各小学校に秩父宮の写真が配置されていたという記録があります（「秩父郡白川村尋常高等小学校分教場廃止ニ付秩父宮殿下写真奉還ノ件」埼玉県立文書館所蔵資料）。そして、この「喜こびの日！」と題された記事の掲載された同じ日の同紙に掲載された記事には、これから昭和天皇の御真影が各小学校に下賜されるであろうと報じられていました（「下賜される御真影」『東京日日新聞』一九二八年九月二八日）。即位大礼を経て、新しい御真影が作成され、それが各地の小学校に配られるわけですが、昭和三年前後までは大正天皇の写真はあっても昭和天皇の写真は小学校にはなかったのです。しかし、その前の段階で、写真を介して秩父宮を拝むという現象が起きていました。

つまり、秩父という地域においては、昭和天皇に先んじるかたちで弟宮である秩父宮が崇敬される状況が成立していたのです。すなわち、皇族と地域のあいだで直接的に関係を形成した結果、独立した崇敬対象として秩父宮が同地において表象されるという現象が起きたといえます。それは一見するとなんの問題もなさそうに見えますが、先に確認したように、天皇と皇族とのあいだには明確な差異化がはかられていましたから、ここからは天皇(制)国民国家におけるマスター・ナラティヴに対して、一種のノイズとして働く可能性をはらむものとして、地域社会における皇族表象がありえたことが指摘できるでしょう。

〈注〉

(1)「一九二三年東宮台湾行啓の〈状況的脈絡〉—天皇制の儀式戦略と日本植民地主義—1—」(『教養学科紀要』第16号、一九八三)

第八章　危機と奇跡——天皇・皇族の「瑞祥」言説

不可思議現象と近代天皇（制）

日本の近代とは不合理的なものを否定する時代であったと言ってもいいかもしれません。先に挙げた「三条教則」には敬神愛国、天皇への忠誠とともに、合理性の推進が挙げられていました。合理性を規範的なものとして捉えた明治以降の天皇（制）国民国家においては、否定されるべきものがいくつかありました。そのうちのひとつが「おばけ」です。怪異とも呼ばれる不可思議現象は、近世までは、王権とのあいだにきわめて緊密な関係性をもっていましたが[1]、怪異というものは近代においで天皇（制）といかなる関係をもちえたのでしょうか。

例えば戸田靖久は「近世・近代の「怪異」と国家／社会」（東アジア恠異学会編『怪異学の可能性』角川書店、二〇〇九）において、陵墓の鳴動を事例に、近世から近代にかけての「怪異」の扱いの変化を検討しています。陵墓から物音が聞こえることは不吉な出来事の前兆であると考えられていました。また、明治天皇が東京に移動したときに伊勢神宮の鳥居が倒れたのは凶兆であると考えられました。しかし、それも近世から近代への時代の推移とともに薄れ、近代国家は国家とかかわる〈怪異〉を否定したという見解が従来は主流でした。

しかし、前（第四章）にも紹介しましたが、高松宮が黄金山神社（宮城県）に参拝した折に金華山が霊光を発したという記事があります。

「殿下の御来訪に　一段の霊光　黄金山神社奥海社司謹話」
霊島金華山御視察の高松宮殿下に扈従頂上を極めた黄金山神社奥海社司は恐懼感激して語る／殿下の御快活と御健脚更らに平民的な御態度には恐懼のほかはありません　それに種種御下問に接し感激の至りです　今や金華山は殿下の御来訪に一段の霊光を発しました。（『河北新報』一九三五年九月一日）

この記事にある神職の発言は、「霊光」という不可思議なことを（ある程度）実体的に表明する言説であり、それは「一段の霊光」という見出しによって補強されています。もとより神聖なる霊山に、さらなる霊性を付与する存在として皇族を表象するテクストなのです。

王権にかかわる不可思議現象を「瑞祥」といいます。不吉なことが起きる凶兆に対して、めでたいことが起きることを指す言葉です。「瑞祥」は、古来より王権の権威性を強調するものとして記紀神話にも確認できますが、これは天皇の聖性に統治の正統性の根拠を求めた近代の天皇（制）国民国家においては、大々的に示されるものではありませんでした。なぜならば、啓蒙的な君主として天皇を位置づける以上、奇跡を起こすというありようは、その啓蒙的性格にそぐわないからです。「怪異」がネガティブな理外の現象だとするならば、「瑞祥」はポジティブな理外の現象としてあつかうことができます。天皇（制）に関する「瑞祥」の記事は、一九二〇年代から一九三〇年代の戦間期と呼ばれる時期を中心に、天皇・皇族の訪問を報じる諸メディアにおいてわずかに確認できますが、これまでの天皇（制）研究ではほとんど見過ごされてきました。近代天皇（制）が天皇の聖性に裏打ちされた神権的な側面と同時に、合理・開明的な啓蒙君主としてのありようとの二重性をもつならば、天皇・皇族の奇跡を起こす側面をどのようにとらえればよいでしょうか。

1　大正中期までの「瑞祥」

一九二〇年前後までの「瑞祥」について、明治末（一八九七年）～大正中期（一九一九年）の『河北新報』の皇室記事（天皇・皇太子・直宮の来訪、大葬、大礼等）を確認したところ、「瑞祥」はほとんど確認できず、修辞的なものがいくつかあった程度でした。

次は、一九一八年に裕仁皇太子（後の昭和天皇）が仙台を訪れた折の記事です。

「恭奉迎鶴駕」

皇太子裕仁親王殿下今夏東北地方を御見学あらせ給ひ鶴駕本日仙台に入らせ給ふ恭しく惟ふに殿下已に典礼を儲貳に治め載ち威儀を震位に正し給ふ。（中略）鶴駕の過ぎる所、山川光あり、草木亦欣ぶ。黎民の箪食壺漿して奉迎する、蓋し傾葵の情の溢る、なり。茲に恭しく奉迎の辞を草し謹みて草莽布衣の赤誠を布く。（『河北新報』一九一八年七月七日）

記事の終わりに「鶴駕の過ぎる所、山川光あり、草木亦欣ぶ」とあります。文字通りに取れば、皇太子が通行したところの山や川などの自然が光を発し、草や木が喜んだということですが、これはあくまでも修辞的なレベルにとどまっています。こうしたレトリックは中央メディアでも見られるものです。次に引くのは大正天皇の即位大礼の記事です。

吉祥は楓闈の中に滂薄して、嘉慶は　丹墀の上に充満す。　上林の幽禽も、尚且欣抃して奉祝の囀音を奏し、御溝の潜魚も、亦斉しく歓喜して恭慶の跳勢を加ふ。蝉声は揺曳して、愉悦の調を絶たず、蜩鳴は清亮にして、雍和の韻を諧へ来る。午苑の緑陰には、蕃茂の色深く滴りて、夏雲の奇峯には充実の意自から溢れ、俯仰満目、天地万物、一木一草の微、一羽一鱗の細と雖も、亦咸　皇室の栄昌を奉慶し、坤宮の万福を敬祈せざるなし。

徳川達孝「坤宮の瑞祥を壽く」（『弘道』二八一号、一九一五）

中央・地方共に定型的な表現（＝自然物が寿ぐ）が反復されています。これらが一九二〇年頃までの皇室をめぐる紋切型のレトリックでした。

2　大正後期から昭和期「瑞祥」言説

一九二三年台湾行啓と「瑞祥」

大正後期から昭和前期にかけて、瑞祥言説がどのように展開していったかを見ていきます。まず注目したいのは、裕仁皇太子による台湾行啓の際に語られた瑞祥です。一九二一年に大正天皇が政治の表舞台から退き、摂政となった皇太子が一九二三年四月に台湾を訪れました。これは植民地に天皇と血縁のきわめて近い人物が訪れた象徴的出来事です。この台湾行啓に際して、ひとつの奇跡とでもいうべきことが起こります。

「台湾竹に恵まれた瑞祥＝東宮殿下屏東行啓記念＝＝蔴竹にあらわれた奇蹟＝」（『植民』第五巻四号、一九二六）

めでたき竹の瑞兆

かくて殿下には正午過ぎ御還啓になつたが、この便殿に使用した竹柱は台中州竹山庄産の蔴竹で、その膚色と云ひ太さと云ひ如何にも美しい立派な竹であつた為、殿下にも珍しく御思ひになつたか、その親柱の一つに親しく御手をふれられ、蕪竹についてもいろいろと御下問があつたのである。御還啓後数日、殿下の御手をふれられた親柱の竹の一節目から新芽がふき出した。この竹は伐採後四十五日も経過してゐるものであるのに、新芽をふくことは植物学上から云ふて真に奇蹟である。これ偏に殿下の御稜威によるものであらうと、会社（報告者註：台湾製糖株式会社）の平山専務をはじめ常住の社員たちはこの親竹の芽を茅を以て掩ひ、毎朝給水して丹精したところ、立派な株をなした。［…］／枯竹の節より芽をふき、その芽が巻頭写真に見る如き一大竹叢をなした事不思議と云へば不思議、まことに目出度き瑞祥の限りであるが、新領土台湾の山川草木、畏くも我が日継の皇子迎えて、その御足跡の洽き所、ことごとく奇蹟の現らるゝもの滋き中に、特に台湾竹に恵まれたあらたかさは連綿たる竹の園生のお栄えと対比して意義深き事であらねばならぬ。／この瑞祥に感喜した台湾製糖会社では、竹林一帯を神域として区画し、中央に一大行啓記念碑を建立して、この瑞兆を永久に伝えんとしてゐる。

皇太子が建材として使われた竹に手を触れたら、既に枯れたはずの竹が芽吹き、そこでその芽を土に植えたところ竹林に育ち、そこが奇跡の場所として記念碑が建てられ、いろいろな人が訪れているという一連の物語を形成しています。実際には、蕪竹は生命力の強い植物で、切った竹から芽が出ることもあるそうですが、この記事の特徴は「新芽をふくことは植物学上から云ふて真に奇蹟である」と、科学としての植物学が参照されていることです。科学という近代国家のおしすすめる枠組みを超越するものとして「瑞祥」が生起していることに注意しておくべきです。つまり、近代国家が封殺したはずの理外の出来事を、近代国家の頂点に君臨する存在が実質的になしとげているというテクストになっているのです。

皇太子がふれたところから芽吹いた竹を移し替え、竹林となった場所を「神域」と呼んでいます。竹林の中央が記念碑、右奥に見えるのが記念館で、竹林を竹垣で囲ってこの場所を一種の聖なる場所「神域」として区画化しています（図8-1）。しかも、竹というモチーフの共通点から、皇室を言い表わす「竹の園生」という言葉とアナロジカルに対比され、新領土である台湾と皇室の関係が深まったというテクストになっています。すなわち、「瑞祥」によって帝国による植民地支配の正統性が語られているのです。

図8-1「行啓記念竹の瑞祥」

再話される「瑞祥」の物語

この「瑞祥」言説はその後幾度も語られていきます。

殿下には（略）同重役の御案内にて、工場裏手の行啓記念碑に成らせらる。此処は去る十二年、皇太子殿下行啓の砌、便殿のあつた場所で便殿に使用した蔴竹が奇しくも新芽を出し御代のみ栄えを寿ぐ緑の色も濃く茂り生ふ瑞祥の地で、平山重役より右の事情を詳に言上すれば殿下には曩に右の端竹にて制作した花瓶を皇太子殿下に献納したるを思ひ出されて『献上の花瓶は此竹で作つたものか』と御下問ありいと御満悦にあらせられた（枠本誠一『光栄の臺灣　高松宮殿下北白川宮大妃殿下奉迎記』台湾出版協会、一九二七）

裕仁皇太子の弟にあたる高松宮の「御成」に合わせて、皇太子に関する「瑞祥」の物語が再話されていきます。しかし、その後、この語りは変化していきます。台湾製糖社長の武智直道は次のように語っていきます。

不思議なる蔴竹の瑞祥／陛下を阿緱製糖所に御迎へ申上げたとき、世にも不思議な瑞祥が現はれた。それは陛下が、御休息遊ばさるゝ御座所をして、茅の屋根を葺いた、瀟洒としたさゝやかな亭をしつらへ、その柱に台湾中部に生ずる蔴竹といふ竹の伐つたものを用ゐた。その竹は伐つてから四十日余り経つたが、陛下御臨行になる数日前から、芽をふき出したことである。台湾でも真に珍しいことで、伐つた竹が芽を出すといふことは殆ど、聞いた例がなく、後専門の植物学者に尋ねたところ、只、不思議と言はるゝのみであつた。陛下もこれを御覧になつて、御撫でになり、珍しいと仰せになつた。この芽を出した柱用の竹を、種々と苦心して地に下したところ、盛んに繁茂して、竹の子が出で、竹の林をなしたのである。／更に、不思議なことには、、大正十五年の頃、その竹林の一部に花が咲いて実を結んだ。そうして落ちた実から又芽が出て、実生が盛んに繁茂して、遂に絵を見るが如き竹林をなした。余りに珍しいことであるから、後、新宿の御苑内にもその実生から生じた竹を移植して差し上げてゐる。／真に瑞竹として、台湾でも有名となつてをり、只今では、見学の学生などがわざへ訪ねてくるやうになつて居る。／御駐輦の跡即ち、瑞祥の蕪竹が繁茂して居る所には、記念碑を建て、学生や台湾の子弟等に対して精神教育の材料となして居るが総督府でも、非常にこの挙を喜んで居られる。／陛下は産業に御軫念遊ばされ生物殊に、植物のご研究等には一方ならず御熱心でゐらせらる、と洩れ承るが、酷熱焼くが如き台湾の中部に、産業御観察遊ばされたことを、非常の植物も亦感激して、この瑞祥となつたのではなかろうかと、思へば実に目出度き極みであり、私共の会社としても此上なき光栄として、非常にこの竹林を大事にしてゐる次第である。（武智直道「聖上陛下の産業御奨勵と蕪竹の瑞祥」『事業之日本』第七巻六号、一九二八）

先ほどまでの語りでは、皇太子が竹の柱にふれて芽が出たことになっていましたが、この語りでは、皇太子が竹にふれる前から芽は出ていて、彼はそれを珍しがってさわったという話になっています。話の順序が入れ替えられています。

参考のために宮内庁の編纂による昭和天皇の「正史」とされる『昭和天皇実録』ではこの「瑞祥」がどう語られているかを掲げておきます。『実録』に台湾行啓の際の「瑞祥」が載っており、宮内庁が唯一認めている「瑞祥」がこれになります。

この日（筆者註＝一九二三年四月二二日）台湾製糖株式会社阿緱工場の御休所において、仮設の御休所の設置に使用された竹柱より勢いよく生じた新芽に目を留められ、山本社長に御下問になる。竹は、台中州竹山郡竹山産の蔴竹にして、伐採後四十余日を経過し、単に地中に打ち込んだものに過ぎず、斯く旺盛に新芽を生じることは稀であるという。同社にては、これを瑞祥となし、この新芽を御休所跡において育成し、竹林を造成するとともに、翌大正十三年、同所に記念碑並に記念館を建てる。（『昭和天皇実録巻一〇　大正一二年』宮内庁、二〇一四）

これが『実録』における唯一の「瑞祥」言説です。歴史叙述としては、芽の生えていた竹にあとからふれたというのが正しく、ふれたから芽が生えたのではないとされています。この違いは一九二八年の段階で成立しており、昭和期に入って言説の方向性が変化した可能性が考えられます。この「瑞祥」は、聖性をもつ君主としての昭和天皇と、生物学者としてという昭和天皇の二つの側面が重なる場で語られるエピソードです。植物に「奇蹟」が起るという現象は天皇の超自然的な力を暗示するものですが、一方で昭和天皇は近代科学としての生物学の研究者でもありました。正式に天皇に即位してからは、昭和天皇のもつこの二つの側面の整合性がはかられるようになったのではないかと考えることもできます。

また先に引いた武智直道は「学生や台湾の子弟等に対して精神教育の材料となして居る」としています。台湾における教育言説にこの瑞祥が利用されていた形跡があります。経緯はよくわからないけれども、天皇の威徳とかかわって成立した「瑞祥」を契機として、植民地における教育効果が期待されていることは明らかです。それは植民地経営の中心機関である総督府からも承認される動向がありました。辺境であった植民地・台湾が天皇(制)国民国家へと内包されていく契機のひとつとして、この「瑞祥」が承認されたのです。

この「瑞祥」言説の担い手は地域におけるエリート、国策会社の社長や総督府の関係者です。彼らは自らの生活圏である台湾を「辺境」として認識する人々です。国民国家の規範を内面化していたエリートたちにとって、国民国家の中枢である皇室とつながっているというリアリティは貴重なものであったでしょう。つまり、この「瑞祥」は、辺境にある国民国家エリートによって要請されたものと考えることができるのです。

陸軍特別大演習を契機とした「瑞祥」の諸相

前項では植民地台湾における「瑞祥」言説を見てきましたが、内地ではどうであったのかを、陸軍特別大演習にかかわる言説によって見ていきます。

表8‐1にまとめたように、陸軍特別大演習は毎年、場所を変えて行なわれ、ほぼ日本全国をまわりました。大演習には大元帥である天皇が臨席して行なわれます。この大演習について、中野良は、地域社会にとって天皇と直接かかわる機会であり、地域への利益誘導の契機でもあったと位置づけています(2)。また山下直登も国民統合の象徴としての天皇との触れ合いをアピールする機会として存在したとしています(3)。つまり、天皇と人々が直接接触する機会として大演習があったということです。

一九二七年から一九三六年までのほぼ十年間の陸軍特別大演習について、開催地の新聞報道における「瑞祥」言説を調べたところ、確認できたものにはいくつかのパターンがありました。

具体性の欠如／定型の反復

まず目に付くのは、天皇を出迎えた人々が、なにかありがたい雰囲気を感じて感激したというものです。

「森厳の気　四辺に満つ　有難さに泣く　県庁前の拝観者」(『岩手日報』一九二八年一〇月六日朝刊七面)

まつ間もなく鹵簿は静かに粛々と午後の秋光淡く照り映ゆる御幸道路をば飴色の車体に聞く花の御紋章燦然たる御召自動車は徐々に辷りゆく、森厳の気四辺に満ち静寂そのもの、中を大本

表8-1　陸軍特別大演習一覧

回	年月	場所
1	1892	宇都宮市
2	1898	大阪市
3	1901	仙台市
4	1902	熊本市
5	1903.11	兵庫県明石郡
6	1907.11	茨城県結城郡
7	1908.11	奈良市
8	1909.11	宇都宮市
9	1910.11	岡山市
10	1911.11	久留米市
11	1912.11	埼玉県入間郡
12	1913.11	名古屋市西区
13	1914.11	大阪市
14	1915.10	弘前市
15	1916.11	福岡市
16	1917.11	滋賀県犬上郡
17	1918.11	栃木県下都賀郡
18	1919.11	兵庫県武庫郡
19	1920.11	大分県中津町
20	1921.11	横浜市
21	1922.11	高松市
22	1924.11	金沢市
23	1925.10	仙台市
24	1926.11	佐賀市
25	1927.11	名古屋市西区
26	1928.10	盛岡市
27	1929.11	水戸市
28	1930.11	岡山市
29	1931.11	熊本市
30	1932.11	大阪市東区
31	1933.11	福井市
32	1934.11	前橋市
33	1935.11	鹿児島市、都城市
34	1936.10	札幌市

※『北海道統計』（第41号、1936）、『昭和天皇実録』（宮内庁、2014）より作成

営正門にと向かつて行く、其の瞬間恭やしく御召自動車を拝すれば大元帥陛下には挙手の礼を以て奉迎の民草に答へ給ひつつあるではないか——余りの有難さ忝さに涙の滲むを覚ゆる、

「大演習と地方民」（『九州新聞』一九三一年一一月一二日朝刊一面）

惟ふに熊本の天地が、聖駕を迎へ奉りて、栄光に輝き、歓喜に満ちつゝあるもの、誠に所以ありと云ふべく、斯くして地方民は、多年の宿望を充たし、皇室に対し奉りて、益々渇仰崇敬の念を深うするのである。（「御英姿神々しく大元帥陛下熊本御安着　錦旗斜陽に映えて

瑞気満つる御道筋　奉迎の赤子有難さにたゞ感激」同面を参照）

いずれも紋切型で、内容は天皇が到着、歓迎されたことだけであるものの、天皇の来訪によってその土地に何らかの（肯定的な）変化が生まれたことを描くものです。これは大正中期までの言説と近似したものです。

天候関連の「瑞祥」

演習が好天に恵まれたことを「天皇日和」と表現した記事があります。

「打ちつゞく天皇日和　全く奇蹟的な現れ　南日本の大降雨に引かへて　けぶるやうな今日の穏やかさ」（『名古屋新聞』一九二七年一一月二二日夕刊二面）

十三日聖上陛下御着このかた、天皇びよりが実に二十日までうちつゞいたことは／御盛徳のしからしむる所とはいへ畏き極みである。（中略）／低気圧の関係で当然全国雨になるべきであつたのが夜の六時頃那覇東部の高気圧が東漸し忽然として低気圧を追い払つたのであのやうな日本晴となつた、この奇瑞を予知した測候所では雀躍して午後六時大本営に「北西の風晴」といふ予報を電話した、（略）聖上陛下行幸中の天候について重富愛知測候所長は語る／「今度の行幸は前後十日間にわたる長い御駐輦なので累年の統計に徴しても少くとも二日や三日は雨に見舞はれるものではありますが何卒神明の加護によつて天候よかれと祈つてゐました、それが夜中三回の降雨と部分的な時雨を見たのみでかくも好晴がうちつづいたことは全く御稜威の然らしむるところと恐懼しております」

日本の一一月の天候は晴れの日が多いので、晴天が続いたことを不可思議現象とはあまり感じられないのですが、このようにその理由を天皇の「御稜威」即ちその威徳に求めるという言説が成立しており、それは実質的に天候を左右するような能力を天皇に求めていることがわかります。

動植物関係の「瑞祥」

レトリックのレベルで、草木がなびく、魚がよろこぶ等の表現があることは先に紹介しましたが、別の動植物が出てくるようになります。

「お下賜の猿は霊獣です　どこをさがしてもない全くの光栄です　……北王動物園長談」（『名古屋新聞』一九二七年一一月二二日夕刊二面）

天皇陛下には十九日名古屋市動物園に印度産の猿雌雄二匹を御下賜になつたことは既報の通りであるが、右二猿は日本名のまだない珍しい猿で英名はエンテルスといひ印度の産地では一種の霊獣として捕獲を禁じているものである、それは猿の中でもことに円満な相をそなへ性質もおとなしく人によくなれるので寺院などで神聖な猿として飼育してゐるのだがこの珍しい猿を名古屋市動物園に下賜されたことは名古屋市の誇りだと北王園長は感激してゐる。

この記事の内容自体は「瑞祥」を描いているとは言えないのですが、記事の見出しで「お下賜の猿は霊獣です　どこをさがしてもない」とうたうことによって、あたかも天皇の霊威がその猿にうつったかのような印象を与える言説となっています。

一九二八年の宮城県では、桜の狂い咲きが「瑞祥」と報じられます。

「瑞祥　返り咲いた市内の桜」（『河北新報』一九二八年一〇月五日朝刊二面）

聖上陛下の行幸を前にして行在所偕行社前西公園の桜樹、商品陳列所、第一高等女学校構内等の桜が不思議にも返り咲いた、こよなき瑞祥として市民は狂喜してゐる。

秋ごろに桜の花が咲くことは、それほど珍しいことではなく、夏のあいだに葉を全部落とすと、桜は秋の朝晩の寒暖差を春と間違えて花を咲かせることがあります。この記事のポイントは、それを天皇の威徳によって咲いたのだと意味づけていることと、狂い咲きした桜樹の生えていた場所です。天皇の宿泊所（行在所）である軍施設（偕行社）前の公園、商品陳列所、高等女学校が挙げられていますが、それらは、軍事、産業、学術（文化・教育）にかかわる場所であり、それらは天皇が正統性を与え、振興すべき対象とみなしてきた領域です。すなわち天皇との関係性の深い場所が「瑞祥」の起きた場所として設定されているのです。加えてこれらの場所は、それまでにも天皇や皇族たちが訪れた場所でもあり、すでに直接的かつ具体的に皇室とかかわっていた土地が「瑞祥」の起るのにふさわしい場所として選ばれ、新たに天皇を迎えるにあたって、新たに権威づけられた場所で天皇の来訪を寿ぐという構造になっていることに気づかされます。

この「瑞祥」言説も、台湾の事例と同じく、軍事・産業・教育という国民国家の根幹を通じて、地域を天皇(制)国民国家のなかに組み込むとともに、その崇拝対象としての天皇を指示する、そういうテクストとして成立しています。ただし、こうした言説は、単に天皇を崇敬するということだけに回収することのできない側面もあります。

次の記事は大演習にあたり、天皇の食事を作る部署である大膳部へ鯛を納入しろと宮内省から命じられた漁師たちの話です。

「上納を前に鯛漁好順　向日比漁業組合の歓喜」(『山陽新聞』一九三〇年一一月一日朝刊三面)
日比町向日比漁業組合では今次大演習の大膳部への鯛魚の納入をせよとの旨宮内省からの御沙汰に接して非常に光栄としその際の漁獲に幸あるやう祈つてゐるにも拘はらずその後連日不漁で納入に支障を来しはせぬかと不安の日を過ごして居たが去月末頃から毎日十四、五貫づつの漁獲が見られるやうになりこの模様では万々上納には支障はあるまいと安堵の思ひをなし、最

近の好順も全く陛下の御稜威の然らしむる処であらうと晴れやかに噂し合つて居る

しばらく不漁が続いていたので心配していたところ、先月末から豊漁となった。これも天皇の威徳のお蔭だろうと噂したという記事です。豊漁の意味づけとして天皇を呼び込んでおり、経済的活動の結果としての利益を語る文脈に「瑞祥」言説が接続されているとわかります。これは天皇への崇敬や国民国家への統合といった文脈には簡単には回収ではない側面があるでしょう。

瑞兆の鷹

動物と天候が接続された言説もあります。これは陸軍特別大演習ではなく、秩父宮が宮城県の松島を訪れたときのことです。

「五大堂擬宝珠に鷹がとまる　瑞祥とひとしく喜ぶ奉迎者」(『河北新報』一九三〇年九月一四日夕刊五面)

秩父宮同妃殿下を迎へ奉つた光栄の松島は雨しめやかに万塵をあらつて秋気ますます清し、御徳の弥高きを感ずる/四時といふのに松島駅舎待合室は奉迎官民有志で一杯になる、(中略)/五時御盛徳の致す所か、雨がすつかり上がつて奉迎の諸員はひとしくよろこばしい顔をする/御着前一時間前に五大堂、すかし橋の擬宝珠に一羽の鷹が止まつてぢつと動かずにゐる、瑞祥

と、斎く皆よろこんでゐる

松島の五大堂で、人々が秩父宮夫妻の到着を待っていると、擬宝珠に鷹がとまった、人々はこれを「瑞祥」だと喜んだという記事です。

次も似たような鷹の話ですが、様子が少し違ってきます。

「拝殿内に瑞兆の鷹　聖駕着御の日　瑞光寺の喜び」（『九州新聞』一九三一年一一月一四日朝刊五面）

「一富士二鷹」と鷹は古来瑞鳥の一として歓ばれてゐるが茲に龍駕を迎へて瑞兆に因んだお話しが一つ……市内横手町日蓮宗の瑞光寺住職馬渡弁遵氏は十二日午前九時五十分頃菊鹿方面の大演習御統監のため熊本駅を植木駅に向けて発御遊ばさるる宮廷列車遥拝のため同寺裏手の観音堂に立寄つたところがついぞ見慣れぬ一羽の鷹が該拝殿内に翼を休めてゐたので早速羽織を脱いで生捕りにし箱を造らせて飼育してゐるちなみに該観音堂は本年六月馬渡氏が私財を投じて建立したものでこの瑞鳥翔来に殊の外歓喜し付近も此の評判で持ち切つてゐる

この記事の中心は、住職が自分で建てたお堂に鷹がいたので捕獲したというだけの話です。それを天皇の乗る列車を遥拝しようとしたときというタイミングと、鷹が瑞鳥とされることによって、天皇がいたからこそ瑞鳥を捕まえられたのだという物語に置き換えています。この置き換えが可能なのは、天皇には「瑞祥」を起こす力があるのだという枠組みが共有されていたからです。またこの枠組みは、新たに観音堂を建立した宗教者の名声に役立てられています。

このように、天皇を称揚することによって、実質的には自分の相対的な向上をはかる言説が提示されているといえます。これは前章で言及した自己卓越化の思考ともつながります。一方で、同じ新聞の同日付の記事には、「朝香宮殿下　細川候の御案内で金峰山御清遊『オーライ』『バック』と御自から運転手を御指図」（『九州新聞』同面）と、気軽に人々に話しかける皇族の姿が紹介されています。天皇のもっている宗教的な神聖性と身近な存在としての皇族とが並立している側面が見られるとともに、神聖性をもつ天皇の優越性が示される紙面構成になっています。

こうした「瑞祥」言説の特徴は、超常的な力をもつ存在としての天皇が暗示されていることと、そこに複数のノイズ（利益誘導など）が同居しているということです。ただ、これらは一九三一、二年前後においてのみ確認できます。それ以降の天皇・皇族の地方訪問について「瑞祥」言説は確認できません。すなわち、天皇・皇族に関する「瑞祥」言説は一九二〇～一九三〇年代の地域社会にわずかに存在する言説だと言えます。

3 〈危機〉の時代という文脈

一九二〇～一九三〇年代天皇(制)の危機

この戦間期は、端的に言えば天皇(制)の変容する時期でした。同時期は、ロシア革命の影響を受けた社会主義思想の展開とともに、デモクラシーが進展する時期であり、皇室や日本の政治のあるべき姿についてさまざまな問いが提出され、国内外の情勢とからみあうかたちで、君主制自体が変容と直面した時代でした。革命やデモクラシーなど天皇(制)の〈危機〉に対して国体論が隆盛をみました。一種の危機的な状況を受けて、皇室周辺からは民主化と再権威づけという二つの反応が示されます。

再権威づけとしては、一九二八年前後から明治天皇がかつて訪れた場所を明治聖蹟として位置づけることが行なわれていきます。また明治天皇を明治聖帝と呼ぶようになりました。明治神宮が造られていくのも一九二〇年とこの時期に前後しています。明治天皇の神格化が行なわれることにより、その近しい親族である天皇・皇族たちの神秘化もはかられていきました。森本和男は『文化財の社会史　近現代史と伝統文化の変遷』(彩流社、二〇一〇)で、一九二〇年代末から一九三〇年代にかけての文部省を中心とした明治天皇聖蹟保存活動の思想善導的側面を指摘しています。

皇室の再権威づけと同時に、イギリスの立憲王政に見習うかたちで皇室の民主化もはかられていきます。デモクラシーの展開や大正天皇の表舞台からの退出という状況下で、イギリスを中心としたヨーロッパの王室を参照しながら、皇室の民主化が裕仁皇太子によって行なわれたことが指摘されています。(4)

つまり、地方において「瑞祥」言説の断片が成立したのは、戦間期の天皇権威が不安定になった時代だったのです。

皇軍をめぐる瑞祥へ

一九四〇年以降の「瑞祥」と呼ばれるものを見ていきます。長岡規矩雄「皇軍と瑞祥」(『戦時回顧　私の雑記帳』磯部甲陽堂、一九四二)においては、日清戦争時の軍艦・高千穂のマストに鷹がとまる瑞祥があったという言説がありました。鷹は、神話上の神武天皇の東征における金鵄の伝説に重ねられて、神風などと並び、国家興亡を賭けた戦いにおける「瑞祥」として語られました。こうした「瑞祥」は、日中戦争時にも同様の現象が起きているのでそこから「皇軍は勝てる」という言説が生れます。これらは「皇軍」をめぐる「瑞祥」の言説です。天皇・皇族に直接かかわる「瑞祥」言説は鳴りを潜めていますが、それに代わって「瑞祥」の意味づけが「皇軍」の勝利へと意味づけしなおされ、天皇・皇族不在の天皇(制)関連の「瑞祥」言説が成立します。

谷口基は戦争中に抑圧された物語の代表格として怪談があると指摘しています。人の死を招来する戦争にかかわる怪談には、ある種の危険がはらまれる可能性がありました。戦争にかかわる怪談が語られると、そこに「戦争が「悲惨」を生み出すものであるという事実」が顕在化してしまうというのです。[5] そこで戦争の悲惨を語ってしまいそうな怪談を封じる言説がこの時期には展開していきます。「こうした時代にあって歓迎されるべき怪談」として称揚されたのが、皇軍をめぐる「瑞祥」であったと、谷口は位置づけています。

一九三六年を最後に大演習は行なわれなくなりました。なぜなくなったかといえば、日中間の紛争が本格化し一九三七年から日中戦争がはじまり、もはや「演習」の必要がなくなったからです。また、その段階では、天皇が国民の前に姿を見せなくても、すでに神聖な存在としての天皇像が完成していました。このような戦中期の状況を傍らに置いたとき、戦間期の地域社会における天皇関連の「瑞祥」言説の特異性が明らかになってきます。

危機の時代にまとわれた理外の衣

植民地台湾における「瑞祥」言説においては、裕仁皇太子と竹をめぐる「瑞祥」が長期にわたり再話されていました。そこでは植物をめぐって裕仁皇太子（昭和天皇）の威徳、ないしは超自然的な力が暗示され、植民地の人々を天皇制国民国家の一員へと動員していく教育効果が期待されていました。この瑞祥言説は、辺境としての自己意識をもつ人々、特に地域社会のエリートであった人々に求められたものとしてありました。

戦間期の陸軍特別大演習をめぐって地域社会で語られた「瑞祥」言説は、「瑞祥」を導きとして地域を天皇（制）国民国家に編入するとともに、崇敬対象としての天皇を提示するという、台湾と同様の様相とともに、経済的な利益を語るに際して瑞祥がもちだされるという側面も確認できました。超常的な力をもつ存在として天皇を暗示する一方で、利益誘導などのノイズが含まれていたのです。

一九三〇年代の初めごろから天皇関連の「瑞祥」言説は姿を消して、それ以降は、天皇の代理表象としての皇軍の「瑞祥」言説に転換していきます。

これら戦間期の「瑞祥」言説については、いくつかの共通点を確認することができます。「瑞祥」言説は、天皇や皇族の威徳、ないし超自然的な力を暗示することにより、天皇崇敬に資するものでした。それは結果的に軍事や教育といった要素を取り込みながら、当該言説の展開する地域を天皇(制)国民国家へ組み込むものでした。なかでも、これらの言説は、地域においては天皇(制)国民国家の一員としての地方住民の帰属意識が語られるとともに、その感情が地域から皇室への一方通行のものではなく、皇室からも地域へむけられたものであることを確認していく、相互的なものでもありました。

「瑞祥」言説は、天皇・皇族の権威性を語りだすものであって、これらは実質的にデモクラシーの進展や、天皇権威の変質といった、近代天皇(制)の〈危機〉に瀕した情況下で、それを補完する意味を持ち合せていました。

本来取締りの対象となってもおかしくない「瑞祥」言説は、きわめて境界的な表現を用いることと、地方という、中央のメディアよりも規範の緩やかな場所で提示されることにより展開されました。なかでもそれらが、科学的なものとの対比関係のなかで語りだされていことが注目されます。近代天皇(制)国家は、理外のものを排除することによって成立しましたが、一方で、科学的規範を越えた存在である天皇・皇族を表象せざるを得ない。ゆえにたとえ論理的矛盾が顕在化するとしても、相対的に皇室の神聖性を高める言説が流通し、結果として、地方の人々の目にふれることになったのです。

まさに近代天皇（制）が〈危機〉に瀕した状況下において、合理的な近代国家としての矛盾をはらみながら、聖化の言説として「瑞祥」言説は展開し、その後、役目を果たしたかのように消失していきました。

ここで近代天皇（制）にとっての「瑞祥」言説について、ひとつの解を提示することができると思います。すなわち、天皇権威が変質せざるをえない状況下で、新たな天皇（制）の正統性を語るために、しばらくのあいだだけまとわれた理外の衣、そうしたものとして理解することができるのではないでしょうか。

〈注〉

（1）東アジア恠異学会編『怪異学の技法』（臨川書店、二〇〇三）に始まる同学会の営為などを参照のこと。

（2）中野良「陸軍特別大演習と地域社会―大正14年、宮城県下を事例として―」、地方史研究協議会編『地方史研究 Vol. 52, No. 2』、二〇〇二。

（3）山下直登「軍隊と民衆――明治三十六年陸軍特別大演習と地域」『ヒストリア』一〇三号、一九八四。

（4）伊藤之雄『昭和天皇と立憲君主制の崩壊　睦仁・嘉仁から裕仁へ』名古屋大学出版会、二〇〇五。

（5）谷口基『怪談異譚――怨念の近代』水声社、二〇〇九。

第九章　〈人間天皇〉とその周辺
——戦後皇族表象の連続性

戦後、天皇(制)は大きな変化の時を迎えます。一九四五年八月にアジア太平洋戦争が終結、翌九月にGHQから「プレスコード」が提示され、出版法と新聞紙法というそれまで検閲に力を振るっていた二つの法律が事実上停止されます。一〇月にGHQが「自由の指令」を出し、天皇議論の自由化と政治犯の釈放、そして特別高等警察が廃止されます。「検閲」の章でお話ししたように、GHQの検閲はきわめて徹底したものでした。一一月には天皇による伊勢神宮参拝、いわゆる「終戦奉告行幸」があり、この時宮内省は、報道のためにメディアへの便宜を図る対応をします。

一九四六年一月には、昭和天皇の「人間宣言」がなされ、天皇が神であるということは天皇の言葉によって否定されます。ただしさまざまな研究が明らかにしているように、昭和天皇自身が自分は神ではないと述べる一方、自分の祖先が神であったということについては否定的ではなかったようです。

この年の五月に、GHQから「皇族に関する覚書」(SCAPIN1298A)が出され、皇族の歳費が打ち切られ、財産税が課税されることになり、これによって一四宮家すべての年金を国庫から賄うことの困難から、宮内省を中心として新典範のもとにおける離脱が図られます。(1)

一九四七年五月に、日本国憲法の施行と同時に、新たな皇室典範が施行されます。日本国憲法では、天皇は統治権の総覧者から、「象徴」へと変化していきます。(2) 新皇室典範では、天皇の直系男子だけが皇族として認められることになりました。それを受けて、一九四七年一〇月に伏見宮系一一宮家が皇籍を離脱します。このように、皇室のあり方が制度的に変化していきました。

戦後の天皇(制)の変化を考える上で重要なポイントの一つは戦争責任です。昭和天皇は大日本帝国憲法上の主権者だったので、戦争を起こした責任が問題化されました。結果的に戦後日本の統治の目的で連合国から戦争犯罪に問われることはなかったのですが、国内では敗戦直後、東京裁判判決前後、サンフランシスコ講和条約発効前後、明仁皇太子成婚前後の四回にわたって退位論が巻き起こりました。(3)

これらの変化を受けて、天皇(制)に関する表象がどのように展開していったのかを見ていきます。

1 記事の多様化と連続性

戦後『アサヒグラフ』における皇族図像

ここでは、『アサヒグラフ』に、皇族たちがどのようなかたちで描かれていたのかを見ておきたいと思います。

まず、戦後の天皇の図像ですが、ＧＨＱのサゼッション（*Suggestion*）という指令の影響下で、天皇家の団欒、笑顔、背広姿などの日常風景を写したような写真が提示されていきます。小山亮はこれらについて、戦後社会における「適合的な主体」としての天皇を示しており、また占領期後期には減少したと指摘しています[4]。

北原恵は、天皇とマッカーサーの写真（図９‐１）が戦後日本のトラウマとして、すなわち、アメリカによって支配されている日本という存在を象徴的に表わす写真であり、それが戦後日本のトラウマとして働いたという指摘をしています[5]。つまりそれまでの撮影規範とは異質な新しい写真体験を天皇は経験していったわけです。

図9-1　昭和天皇とD.マッカーサー連合国軍最高司令官

天皇とマッカーサーの写真はとても象徴的な図像です。これは天皇が初めてのフラッシュをたかれた撮影ではないかと言われており、フラッシュの光に慣れていなかったため天皇の表情が不安定な感じになっているのではないかと考えられてもいます。またマッカーサーが身体を大きく見せようとしているのに対し、天皇は別段何かポーズをとっているわけではない。そして、天皇が誰かと写真に写るときには、同席者の右側で写るのがルールです。R・エルツが指摘しているように、[6]近代においては右側が優越する文化的規範がありましたので、近代の天皇と皇后が並んでいる写真は、天皇が右側にいる図像を採用していますし、皇族に関してもそのルールが守られていました。そうすると、天皇・マッカーサー写真は、天皇が右側にいない初めての写真になります。その意味でも象徴的に征服される日本の姿が提示された写真として機能していたわけです。北原はこの写真をはじめとして戦後民主化における天皇図像を中心的に検討し、「大元帥」から「人間天皇」へと脱皮していったのだと指摘しています。

脱軍事化と「民主」化

ではここから、図像を検討していきたいと思います。表9 - 1は、戦後『アサヒグラフ』三直宮関連記事一覧です。戦後、皇族が掲載される回数は圧倒的に少なくなっています。まず指摘しておきたいのは、軍事色の脱色と、民主的な皇族像です。

『アサヒグラフ』一九四六年九月号（第一一六五号）に「宮さま告知板」という記事が掲載されています（図9 - 2）。皇籍を離脱していく皇族を中心として彼らの日常を写したものです。隅に秩父宮、高松宮、三笠宮の写真が配置されていますが、いろいろな姿が提示されています。皇族歳費が打ち切られたことによって、生活スタイルの変更を迫られた皇族たちの、その当時のあり方が描かれています。まず、誰も軍服を着ておらず、また簡素な格好が目立ちます。左下二枚目の朝香宮

表9-1　戦後『アサヒグラフ』三直宮関連記事一覧

1946年9月25日	［第1165号］	宮さま告知板	秩父宮、高松宮、三笠宮
1948年1月7日	［第1217号］	御意のままページ　ある日の大学　企画・構成・記事　三笠宮崇仁殿下	三笠宮
7月7日	［第1244号］	映画スター推薦　天下の美男子告知板　高松宮宣仁親王殿下、志賀直哉氏、松平恒雄氏、伊藤道郎氏、谷崎潤一郎氏、片山哲氏、小津安二郎氏、長谷川伸氏	高松宮
8月18日	［第1250号］	登山家告知板　登山家の族籍　松方三郎、秩父宮雍仁親王殿下、小島烏水氏、槙有恒氏、藤島敏男氏、田部重治氏、藤木九三氏、武田久吉氏、冠松次郎氏	秩父宮
1951年1月3日	［第1375号］	奥方お手をどうぞ―三笠宮スクエア・ダンスを御指導―	三笠宮
1953年1月21日	［第1484号］	秩父宮殿下アルバム	秩父宮
1月28日	［第1485号］	親王逝く	秩父宮

（筆者作成）

の写真はステテコ姿ですし、左の上から二枚目の伏見宮はプールから上がってきた写真で、水着姿です。皇族の裸体の写真はこれまでありませんでしたから、大変珍しい写真です。そのほか、竹田宮が畑を丹精していたり、三笠宮が鶏にエサをあげている姿をみることができます。

このなかで異質なのは、右下の高松宮の写真で、背広服姿で人々を従えています。高松宮は兄の秩父宮が一九四〇年に結核で公の場から退いたため、一番重要な政治的立ち位置をもっていた皇族です。「各種団体の事業に今なほ御関係になつてゐる殿下は皇族中唯一の「公職人」である」と書かれています。秩父宮もこ

図9-2　「宮さま告知板」
（『アサヒグラフ』1946年9月号［第1165号］）

の当時、日本体育協会の総裁だったわけですし、三笠宮も各種事業団体の名誉職にあったので、必ずしもこの説明が正しいわけではありませんが、この写真が戦前の公職を引き継ぐ皇族を表象していることだけは確認できるでしょう。ただ、この右端の写真は一番小さいサイズです。おそらくこれは、もっと大きくも掲載できるのでしょうが、一番小さく載せているというところに、この記事のなかに序列意識を見て取ることができるのではないでしょうか。

　ところで、こうした日常の皇族の写真は、第六章で確認したように、すでに戦前の段階で十分展開されています。ですから、皇族に関しては軍事色は減ったにしてもそれほど激しい変化があったということにならないのではないかと思います。

もう一つ特権的に扱われているのが、左上の写真です。「往年の〝童謡の宮様〟も既にお二方若宮様のお父様になられたと同時に皇族内で最も進歩的な宮様」とされている三笠宮です。文化人、家族的、進歩的な側面という、この戦後社会での規範的な姿を一手に引受けています。この姿が「公人」としての高松宮のちょうど対極に位置しているというのは、誌面構成上周到につくられていると考えていいでしょう。

再「スター」化

戦前期に「スター」のように描かれていた皇族たちが戦後にも確認できることも重要です。図9‐3は、一九四八年七月七日〔第一二四四号〕の「映画スター推薦　天下の美男子告知板」という記事です。ここで「美男子」として、作家の志賀直哉と谷崎潤一郎、政治家の片山哲、秩父宮妃の父親の松平恒雄らが挙げられています。映画スターの女性たちが美男子だと思う人を推薦して、紹介する記事です。そのなかで、田中絹代が選んだのが高松宮でした。彼女は「日本一美しいお方だと存じます」と言っています。「美しい」ということは、容貌を消費しているのだということに注意が必要です。この写真に写るのは、工場で働く人を視察している高松宮の姿です。戦前から引き継いでいる産業振興者としての姿を提示しつつ、その容貌を消費するという、興味深い要素があります。

すでに、森暢平が「ミッチー・ブーム、その後」（河西秀哉編『戦後史の中の象徴天皇制』吉田書店、

図9-3　「映画スター推薦　天下の美男子告知板」
（1948年7月7日［第1244号］）

二〇一三）のなかで、当時の皇太子（＝平成の天皇）と皇后となる正田美智子さんとの結婚前後に起きたミッチー・ブームで、皇太子が「スター」のように表象されたと言っています。ただし、皇族においては戦前にもこのような表象がすでにあり、反復されるかたちで戦後にも展開していたことを指摘しておきます。

次の図９‐４は、一九五三年一月二八日［第一四八五号］の「親王逝く」という記事です。秩父宮が一九五三年一月に亡くなり、その葬儀のようすを示しています。キャプションには次のように書かれています。「両陛下はお見えにならなかったが内外人約八百が居並び喪主勢津子妃殿下を囲んで故殿下に御別れを告げた（略）一般拝礼には約二万五千の人々がおしかけ故宮を慕う列は尽きそうにもなかった」。ここで掲げられているのはその拝礼に訪れた人々の写真です。よく撮れている写真で、奥に祭壇がありますが不可視化されていますし、見えない祭壇の前に人々の長い列があるのを上から撮っていて、手前で見切れています。人の列が扇状に広がるように撮られていますから、この後ろにいくらでも人が続いているような感覚を与えるものになっています。それによって、この皇族がいかに人々に慕われ、敬慕の対象となっていたかを表象する一枚になっています。

図9-4　「親王逝く」
（1953年1月28日［第1485号］）

またキャプションは「列は尽きそうにもなかった」と締められています。死してなお人々からの注目を集め、多くの人々を動員する存在として、この写真を評価することができるわけですし、秩父宮という存在を表象するものとして提示されています。

これらの戦後の皇族表象の特徴は戦前・戦中からのイメージの相同性にあると言っていいでしょう。もちろん軍事色などは一切消失していますが、その反面それ以外の産業や学芸の振興、メディア内で「スター」として扱われる様相などは、ほとんど変わっていません。これは天皇図像が劇的な変化を被ったことと比較して明確な差異と言えるとともに、いま一つ重要な論点を提示します。戦後の天皇は大元帥および現人神としての在り方を失いますが、それは結果的に今まで見てきた皇族に近しい存在となることを意味すると言えないでしょうか。天皇の超越的な神格としての属性が戦後の「人間宣言」によってはぎとられた結果、天皇の表象は戦前期から連続性の色濃い皇族との間に親和性を見出すことの可能なものとなっていくのです。いわば天皇の「皇族化」とでもいうべき現象が生まれていたと言っていいでしょう。

2　自己表象の展開

前節で見たように、軍事的な側面を除いて、戦前から引継がれていった皇族の表象がありますが、この時期の天皇・皇族・皇室をめぐる言説を考えたときに、重要なのが皇族による自己表象の展開です。

皇族たち、特に天皇が、自分の言葉を発する機会は多くありません。戦前は大変限られていましたし、戦後もその数は圧倒的に少ない。それに対し、皇族たちは自ら雑誌などに自分たちの言葉を書いていきます。なかでも突出して執筆活動が多いのが秩父宮でした。河西秀哉が「戦後皇族論」（河西秀哉編『戦後史の中の象徴天皇制』吉田書店、二〇一三）で、秩父宮が執筆活動やインタビューを旺盛に行ない象徴天皇制とメディアとの共存関係を構築したことで、秩父宮の農村での生活と、「親しみをもたれた秩父宮」、「物わかりのいい秩父宮」という像が提示され、「民主化の表象」、「人間」としての秩父宮が描かれ、象徴天皇制に関する言説が提示されることによって、「スポーツの宮」のイメージが残存し、象徴天皇制と合致するようなものとして提示されていった、ということを指摘しています。

また河西論では戦後のメディアには秩父宮と勢津子夫人との写真が多く掲載されていて、戦後的なジェンダー観の反映だと指摘されていますが、すでに第四章でも見たように、戦前にも二人だけで撮影された写真はあります。また、図9‐5を見ると秩父宮は勢津子夫人より一歩前に写され、秩父宮が向かって右にいるように見えますが、左端に写っているのは、秩父宮の銅像です。つまり、被写体から見て右端は秩父宮の像なのであって、近代における「右側の優越」を考えれば、ジェンダーバランスは、戦前から戦後にかけても引き継がれていると言えます。

その上で秩父宮は、「平民的」であると言われていますが、この「平民的」の物語内容についてここから考えていきたいと思います。

図9-5　秩父宮夫妻と秩父宮の銅像
(『令女界』1948年3月号)

「ジャーナリズム」批判と「民主的」言説の位相

ここから、秩父宮の自己表象について見ていきます。最初に見ていきたいのは、秩父宮のテクストに埋め込まれているジャーナリズムに関する言明と「民主的」という言葉についてです。

秩父宮の有名な対話集として『御殿場清話』（世界の日本社、一九四八）があります。この本は、外交官で詩人でもある柳澤健が聞き手となり、画家・藤田嗣治による構成、写真家・土門拳による写真撮影というシリーズ本の一巻で、対談記事を中心に展開するものです。第二章に「『スポーツの宮さま』時代」があり、戦前からの秩父宮のニックネームだった「スポーツの宮さま」ということについて以下のように記録しています。

柳澤　世の中で殿下をお呼びするのに「スポーツの宮さま」と申上げるようになったのは何時頃からでございますか？

殿下　大正十二年かに、大阪で極東オリンピック大会があった。その時僕は総裁になったのですが、その頃からじゃないのですかね。／あの頃は、そういう表現をすることが流行していましたね。日本アルプスを数日歩いて来ればすぐに「山の宮さま」と書かれると言った調子で、僕など別に特筆されるようなスポーツマンでもなかったのですから、全くジャーナリズムの犠牲にされたのかも知れませんね。／それで思い出すのですが、僕等皇族が当りまえのこと、人並みのことを言ったりしたりすると、すぐに「平民的」などと書かれたもので、そ

の度に不愉快を感じました……。（傍点＝引用者）

「スポーツの宮さま」と呼ばれることが秩父宮にとって不本意だったこと、自分は山に登らないのに「山の宮さま」と書かれるのが気に入らなかったということを書いています。また自分自身がメディアで消費・利用されることについて、「ジャーナリズムの犠牲にされた」と言明しています。メディアのなかの存在として皇族があることを認知しており、そのジャーナリズムによる批判について不満をもっていたことを語っています。このようなジャーナリズムに対する不満は、他の自筆テクストでも確認できます。

「平民的」と言われることについての違和感も、先の引用にありましたが、「平民的」というのは戦後の表象にも確認することができます。たとえば、『令女界』一九四八年三月号の「藁葺御殿に秩父の宮さまと語る」という記事には次のように書かれています。

「秩父宮殿下が青年の頃から――それは天皇が現神であり、皇族は雲の上にあつて、人民の垣間見ることを許さなかつた時代から如何に民主的であられたかを、まづ読者に知つてもらつたあとで、殿下との会見記を綴らう。（略）かつてカナダのラグビーチームが来朝して全日本選抜チームと神宮競技場で試合をした際、御臨場の殿下はグラウンドに降りて、来朝選手の一人々々と握手を交され、日本選手にも帽子を脱がれてこれも一人づゝご挨拶を受けられた。いまでであれば、こんなことはなんとも感じまいが、その当時これを見た観客は民衆とともにスポーツを楽しまうとされる殿下の態度に感激したものだつた。（略）赤坂の表御殿から近衛聯隊に御勤務の頃も約一キロの道を、自動車に乗られず、朝夕御徒歩で通はれ、付近の小学校に通学する子供らにやさしい御言葉をかけられながら通勤されてゐたなど「平民的な宮さま」を語るエピソードは数限りない。」（傍点＝引用者）

戦前の「平民的」という言葉を「民主的」という言葉に移し替えようという試みが為されています。

先ほど言及した先行論では、秩父宮が戦後農村生活をすることによって、「民主的」と位置づけられていると指摘されていましたが、秩父宮自身が農村生活をどのように言明していたかを確認しておきたいと思います。『文芸春秋』一九五〇年五月号に掲載された秩父宮が書いた「田園随想」という記事です。

「ぼくも畑を散歩しているとやたらに虫が眼につく。（略）白菜につく青虫をとつていると、モンシロ蝶がひら〳〵舞いながら、あちらにとまり、こちらにとまつて葉に卵を生みつける。手の届きそうな近くに来られると人間を嘲弄しているとしか思えない。根本対策は蝶を殺すにありと補虫網を持ち出して、近所の畑から次から次と飛んでくる蝶と一戦を交えていたところが、畑の側の道を通りかゝつた農婦二人がこちらをみながら何か語つているので、それとなく耳をすますと、／「なんしてるんだね」／「蝶々とつて遊んでるだよ」／これにはギャフンと参った。」

「民主的」と言われている秩父宮にとっては合理的な農作業の一端が、農婦との間でディスコミュニケーションを生み、両者のズレが明確にされていると思います。「ジャーナリズム」の提示する表象が、秩父宮の自己表象にはらまれたノイズによって裏切られる一例として捉えていくことができるのではないでしょうか。

ここで重要なのは戦前と戦後のメディアにおける紋切り型の表象と秩父宮の自己表象との間にズレが存在していて、秩父宮のイメージを破綻させる可能性が絶えず用意されていたものの、結果的にそういう事態には至らなかったということだろうと思います。事実、秩父宮は、「民主的」と名指す言説に対して、明快には否定していませんし、人として当たり前のことを民主的と名指されることへの不快感を示すことは、「皇族はもともと民主的だった」とする言説戦略としても考えることができるわけです。

秩父宮という存在はジャーナリズムによる消費に否定的な振る舞いをしておきながら、その反面で数多くのメディア露出をこなしていきます。また、積極的な発言を繰り返していきます。つまり、積極的にメディアに消費されるという選択をしているのです。ということは、秩父宮は言っていることとやっていることがずれていることになります。それをどう評価するのかを、次に見ていきたいと思います。

メディアの〈欲望〉を受け止める皇室の「広告塔」

秩父宮がメディアのなかでどのように表象されたのかを見ておきたいと思います。

先ほど取り上げた「藁葺御殿に秩父の宮さまと語る」(『令女界』)という記事に「殿下と勢津子妃殿下がロマンスによつて結ばれたお二人だ、ということも、いまの若い人達の多くは知らないのではなからうか」とあります。これは事実関係が誤っており、自由恋愛で結婚したという事実はありませんが、少なくとも『令女界』という雑誌は、男女の自由恋愛への関心が高いメディアでもあり、戦後女性雑誌にとって適合的な主体として皇族がいるという表明として、これを捉えることができるのではないかと思います。

もう一つ取り上げるのは、『農業世界』一九五二年一月号の「秩父宮殿下と農業　新しい農村の向上策を語る」という記事です。

「秩父宮殿下が富士山麓御殿場の御屋敷で療養の御生活におはいりになってから、もう十年、今は大分健康をおとりもどしになって、お元気である。朝夕、富士にしたしまれ、土に鍬をとっておいでになって、御屋敷は古い農家を改造されたものと承る。(略)／村田(略)そこで日頃、土に親しんでおいでの殿下からお言葉をいただいて、あたらしい年をむかえる私どもの希望といたしたいのでございます。／殿下　土にしたしんだといってもね、僕の場合なんか全く名ばかりに過ぎないので……。（と傍らの妃殿下へ笑顔をおむけになる。しずかな微笑である。）それにこの二、三年は余り体の調子がよくないので殆ど畠へも出ていないのです。」

メディアは、農業をしている秩父宮という存在を求めています。しかし、秩父宮は体調が悪いので農作業はしていないと答え、求められてはいるけれども、それに応じることはできないと自らの不十分さを強調していきます。しかしここで対話は終わらず、次のように続いていきます。

村田　殿下が農業に御関心をおもちになった動機と申しますか、それはどういうことからでございましょう。

殿下　人間は大なり小なり農業に関心を持っていないものは一人も無いでしょう。われわれが生活していく日々の食料の生産のことなんだからね。（略）僕もこどもの頃から自然が好きでした。然し直接的に農業というものに関心をもつようになったのは軍隊へ入ってからだった。軍隊へ入って兵隊とともに生活していると、東京のような都会の部隊でもかれこれ半数は農村出身者だから、自然に農民、ひいては農業というものに関心をもたざるをえない。また演習なんかに出ると、いやでもおうでも、農民生活にじかにふれるわけだからね。

（同前。傍点＝引用者）

自分には農業について語る資格はないといいながら、結構饒舌に語っており、軍隊経験を参照することによって農業とのつながりを提示しています。回想によってメディアの求めるものに応答可能な主体を立ち上げたといえるかと思います。メディアの求める秩父宮像と秩父宮自身の自己表象のズレがあるにもかかわらず、ずれたものを明示しながら、メディアが求めるものに自己表象を寄せていくわけです。

今の引用にもありましたが、戦後の言説においては病身というイメージが秩父宮について回ります。これまでは、それは人間の弱さ、悩みをもつ人間らしさとつなげられて考えられていましたが、これは同時に別のレベルで考えられるのではないかと思います。

スポーツ関連団体の総裁に就任したことについて記者に問われて、秩父宮は以下のように答えています。

「藁葺御殿に秩父の宮さまと語る」（前掲）

「体育会の総裁になつたが、僕自身はまだスポーツなどとてもやれない。それでもこれを引きうけたのは、いま日本が文化的国家として再建されやうとし、国民の全部が努力してゐるときだから、現在の僕ができる範囲内の仕事のひとつだと思つたからだ」「では将来文化的な方向に御活動を希望されますか。」（略）「そんな大きな望みを持つても、第一僕の健康は許すまい」（『令女界』）

自分自身が文化国家としての日本の再建のためにできることとしてその仕事を引受けたと語りますが、同時に、病気なのでスポーツそのものは十分にはできず、名誉職としてであることを表明しています。先述の通り病身であることが人間らしさと捉えられていたと先行研究は指摘していましたが、これまでに見てきたように皇族に関しては、人間らしさは戦前から提示されてきています。では、病身からくる弱さは、いったいどういうものにつながるのでしょうか。

この問いに答えるために、二つのテクストを見たいと思います。一つは「対山漫語」（『山と渓谷』一九四九年九月号）という記事と、もう一つは、先ほども紹介した「秩父宮殿下と農業　新しい農村の向上策を語る」（『農業世界』一九五二年一月号）の記事です。

昨年の夏のある日、アサヒグラフの記者が来て「今度『登山家告知板』を出すから、それに殿下の写真を出したい」との話だったので「どういう顔ぶれだろうか」と訊ねたら「未だ決まってはいないが」と二三の人の名を挙げた。そして僕の意見も聞くから、「僕などは日本では北アルプスに三回ばかり又欧州アルプスには春と夏一回宛出かけたに過ぎない貧弱な経歴しかないのだから僕を入れる位ならそんなに迷わなくてもそこらにいくらでもゐるぢゃないか」と頭

に浮かんだ僕の山の友数名を並べて見た。(『山と渓谷』一九四九年九月号。傍点=引用者)

「殿下　僕が政治家とか篤農家とかいうなら、またなんとかいえるかもしれないけれど、そういう立場にないんでね。たとえば僕がほんのわずかな体験から、農業のことについて発言すれば地につかない趣味談義か悲鳴かのどちらかで少しも農家のお役に立つものではない。」(『農業世界』一九五二年一月号)

このように、自分は不適格だと語っていますが、一方で、自分のメディア的な価値をわかっているわけです。弱くてかつ不適格であるということは、一つの留保として働きます。自分に責任のない発言をするときの留保の言明として、自分は不適格であり、病により弱いということを示しているわけです。大量のテクストを秩父宮は書いていますが、書いていくなかで、自分の発話は責任がありませんという表明を行ない、こうした責任回避の言説を採用することによって、放言する立場を獲得したと言えます。

もう一つ考えておきたいのは、これまで見てきた戦後の自己表象のあり方の一部が、歴史性をもっていることです。メディアが要望するイメージに自ら寄せていく、責任を取らないものに自分のイメージを寄せていく。責任を取らないかたちで、求められた振る舞いをする秩父宮は、メディアから求められる「広告塔」として振る舞っていたと言うことができるのではないかと思いますが、この「広告塔」としてのあり方はすでに第六章でみたように戦前にもあったものでした。これはメディア内の存在として自らがあることを自明化していると言い換えられます。つまり、語り手の欲望を受け止めながら、表象されていく適合的な存在として皇族があり、その側面からこの秩父宮の自己表象を考えることができ、戦前からの本質的な変革をともなわないものとして、戦後社会の皇族を表象していると考えられるのです。

戦前の表象と戦後の表象がきわめて近似したものとなっている場合、秩父宮は戦後のメディアでどのように戦前を描いていたのかということを考える必要があります。

「スポーツ」の意味と戦前期の表象

秩父宮が戦前のことを語るときに重要な意味をもつのが「スポーツ」です。『読売スポーツ』一九四八年三月号掲載の「わがスポーツ界に望む」という記事です。

日本のスポーツ界は真にたのもしいものであった。もちろん戦争中は別であったが、その以前はそのありかたは大体において正しかったし、良い方向に進んでいたと私は思う。／たとえば技術という点から見ても、日本のスポーツは世界の水準に比較して決して劣らないものが少なからずあったし、またスポーツマンの人格という点から見ても、日本のスポーツマンの態度は世界の舞台に出ても恥ずかしくないものであったと思う。（『読売スポーツ』一九四八年三月号）

秩父宮は戦中期だけネガティブに位置づけ、戦争という出来事に直結するものに関しては否定的ですが、戦前期のスポーツは悪いものではなかったと肯定して、戦争だけが悪いんだという言明になっています。むしろ秩父宮は、戦前はよかったと言っていることに注意しておきたいと思います。

それに対して、戦後のスポーツはどのようなものとして位置づけていくのかを確認しておきたいと思います。『陸上競技マガジン』一九五二年八月号に次のようなことが書かれています。ヘルシンキオリンピックで、陸上選手の成績があまりよくなかったことについてコメントをしたものです。

「こんど選手が帰ってきても、不成績だといって責めるのはいけない。世界全体のレベルが上がったため、致し方ない。ある新聞に陸上チームをけなした某氏の言葉があったそうだが、それは本当のアマ・スポーツの精神を知らない人が、スポーツを普通の勝負事に考えて批評するからいけないのだ。勝ち負けにこだわって選手を困らせるのはスポーツを何たるか理解していないからだ。」

「勝ち負け」へのこだわりを批判するとともに、「アマチュア・スポーツ」の重要性に論及しています。ちょうど一九五〇年前後は、スポーツ情報産業が急速に発達するとともに、世界的に競技スポーツの「非アマチュア化」、プロ化が進んでいく時代でした。(7)そのなかで、アマチュア・スポーツがよかったと言っており、それは実質的に戦前のスポーツのあり方と同じがいいと表明することと同様でしょう。

これと似たような言説を提示している人として慶應義塾大学塾長や明仁皇太子の教育係を務めた小泉信三がいます。彼は戦前、早稲田と慶應の漕艇選手が隣接する場所で合宿していたときのエピソードについて、「私が気持ちよく思つたのは、両校の選手がいかにも隔てなくつき合つて、互いに勝敗を争ふ間柄であることを、意に介してゐないやうに見えることであつた」（小泉信三「スポオツ一般」『新文明』一九五一年一二月号）と、スポーツマンシップを称揚しています。これは、先ほどあげた秩父宮のスポーツのあり方への評価と共通する思考だと見ることができます。戦前のアマチュアスポーツというものを、戦後のスポーツの規範として捉える発想です。小泉信三は、オールド・リベラリストといわれる思想家の一人です。秩父宮の言説は、それにとても近いことに気づかされます。

オールド・リベラリストの戦前政治批判

一九五二年に皇太子が立太子する時期を迎えますが、秩父宮は戦前期の皇室について次のように語っています。

東宮様の環境は非常に変わったとはいえ現状がすべて新日本の立場からして満足すべきものだ

とは決していえない。否、最近の情勢はいろいろのことが原因になって、東宮様の在り方についても逆コース的傾向を強いられる様相がかなり現れつつあるような印象を受ける。過去において天皇を神様あつかいしたのは、国民の意思ではなかったが、少なくも一部の人の意図に多数の国民がひきずられ、天皇もまた心ならずもそれに巻き込まれた結果だと言えるのではあるまいか。（秩父宮雍仁「東宮様の環境―立太子式に寄せて」『改造』一九五二年一二月号、傍点＝引用者）

このテクストは秩父宮による逆コース批判と言われます。注目すべきは、戦前に天皇が神として扱われたのは、一部の人間がやったことで、天皇は「心ならずもそれに巻き込まれた」と言っていることです。天皇の神聖性の虚構性を語るとともに戦争責任を回避するものとして、このテクストを位置づけることができると思います。

しかしこれは、秩父宮のオリジナルの言説ではありません。和辻哲郎は一九四六年に、王政復古に関して「国民的統一に対する十分に冷静な自覚であつて、狂信的な信仰ではなかつた（略）帝国主義的侵略が天皇統治の伝統と必然的に連関するかの如き印象を与へた」と言っています（和辻哲郎「封建思想と神道の教義」『世界』一九四六年一月号）。つまり、戦中期にあった帝国主義的発想が、明治初頭にあった国民的統一としての王政復古のあり方を揺るがしたのだと指摘しているのです。

和辻哲郎も、オールド・リベラリストとして知られる人物です。一部の為政者が戦前期のある時期に負の部分を招来して、それに無垢な皇室と国民とが「巻き込まれた」という物語を紡いでいるわけです。こうした言説は、秩父宮の他のテクストにも見られます。次は、『御殿場清話』掲載の「登高行」の記事です。

殿下　マッターホルンに登つたのは、天長節の当日でしてね。永久に忘れられませんね……。／それにしても、今まで山頂を極めた日で特に印象が深かつたのは、このマッターホルンに登つた時と、もう一度は大正十三年に立山の雄山山頂に立つた日との二回です。／この雄山の山頂を極めた日も実に快晴の日で、アルプス連峰は固より、甲斐駿河の山まで見渡せたのですから……。しかし、それだけではなく、この日が丁度わが議会の総選挙の当日だつたのです。あの当時の政党の腐敗、堕落、また議会の醜態というものは、実に不愉快で堪らなかつたので、買収の行われている下界の総選挙を壱萬尺の山頂から見下ろしている感じというものは、全く言葉には表現できないものだつたのです。が、こんな感想を抱いたということも、若さのためだったのでしょうか……？／柳澤　…………。（『御殿場清話』世界の日本社、一九四八）

この引用はとても重要です。秩父宮が最も印象的な山登りについて語っていますが、山登りにまったく関係ない、戦前の政治に関する話題が挿入されています。ここで話題にあげられたのは、政党の腐敗、堕落、議会の醜態で、戦前の政党政治に対する不満です。これは大正後期からの国家改造運動や青年将校運動で出てきた諸言説、いわゆる皇道派の青年将校たちが使っていた言説と近似した言説です。戦前の為政者たちを批判することで、戦前、戦後を通して、政治的な腐敗や堕落、醜態に忌避感をもっていたことを提示し、秩父宮はそのような政治状況から距離を取っていたと言っているわけです。雄山山頂からほかの山々が見渡せたということは空気の透明さを表現していますが、政党や議会の不透明な状況と明確なコントラストをつくっていると言えるでしょう。

下界と対比するかたちで爽快感を表明している雄山山頂のほかに、もうひとつ印象深い登山が、マッターホルンへの登頂だと語られ、このヨーロッパの名山への登頂が「天長節」、天皇誕生日だったことが明言されます。「永久に忘れられない」という肯定的な記憶が、天皇をめぐる記号と直結され、雄山で語られる政治的腐敗と対比されることによって、特権化されていきます。言い換えると戦前期の政治的な〈失敗〉を見ることによって、逆説的にそれとはまったく無縁の皇室の〈正しさ〉が提示されていくわけです。ただそのあと、若さゆえだと感想を示すことによって、この考えは今のものではなく戦前のものだったと示すと同時に、当時の自分を相対化していると言えます。

この言明は柳澤が微妙な反応をしたために、成功したと言いがたいわけですが、占領期の言説的な不自由さを抱えているなかで戦前政治への批判を示そうとしています。こうした秩父宮の言表の周到さは戦後の言説空間におけるリテラシーの高さを示すものとも言えるでしょう。

戦争責任を回避する言説

最後に、戦前についての言説として、再び『御殿場清話』を見ておきたいと思います。戦後の日本社会について聞かれた秩父宮は、天皇が罹災した際に焼け残った皇居に留まって、華美な赤坂離宮に移らなかったことを肯定的に評価し、罹災した国民との間に距離をつくらないことを、次のように述べています。

明治天皇の御不例の時、二重橋に集り跪座して御平癒を祈つた国民の心というものは、決して明治天皇を神として、というのじやなかった。日頃人としての非常なお親しみを持ち、自分の最も近い肉親の大病した時の如くに感じたからこそで、あれは政府の命令でも何でもなく、自然とああなつたのだ（秩父宮雍仁「時事断想」『御殿場清話』世界の日本社、一九四八）

明治の終わりに、天皇は神ではなく国民に親しまれる存在であったとみなしていたこと、国民に親しまれる天皇・皇室像が既に用意されていたということが認識として提示されています。戦前の国民と皇室の関係性は決して誤っていなかったということを提示しているものであり、戦後の皇室と国民との関係性、つまり象徴天皇（制）という戦後的な枠組みの淵源を明治末期に求める物語が、ここで提示されています。

天皇と国民の情緒的なつながりによる天皇（制）を守る言説は、小泉信三や和辻哲郎といったオールド・リベラリストたちの言説と親和性をもつものでした。当時は、昭和天皇の退位論が何度か提示されていました。同時代の皇室をめぐる状況において最も慎重を要する話題であった、昭和天皇の戦争責任について、それを知悉していながら、周到に回避する言説として秩父宮の自己表象は存在したのです。その最も大きな証拠は、秩父宮は、幼少期の天皇との関係は語りますが、戦争中の天皇については一切語らないことです。戦前の段階で、天皇と国民がつながった親しみのある天皇像・皇室像が存在していたということを発言することによって、今の天皇(制)について誤ったものではない、ずっと「正しく」続いてきたものであるという語りを提示しているのです。

3 〈聖性〉を保持した秩父宮の表象の残像

では、このような自己表現を展開する秩父宮は地域社会ではどのように表象されたのかを見ていきます。戦後の皇族表象は軍事色を脱色されたことを除いてはほとんどそのイメージを戦前から引き継いでおり、そして天皇はその皇族の表象と似通うかたちで表現されるという、いわば天皇の「皇族化」という現象が生起したことはすでに指摘しましたが、その側面の一端にやはり戦前見られたような聖性をもった皇族の位置づけは看取されます。

その事例として青森県における戦後の秩父宮表象を見てみましょう。

一九五三年一月に秩父宮は死去しますが、それに際して同地ではさまざまな言説が展開されました。まず一九三六年の段階で秩父宮のスキーガイドを担当した岩淵忠三による言説です。ここでは「私が鉄道のスキーのガイドをしていた当時の追憶」として「スポーツの宮様、スキーの宮様と国民から親しまれていた宮殿下のお姿を思い浮かべながらこの拙い文章を書いた」とし、秩父宮を案内してのスキーについて以下のように述べています。

当日は朝からの大雪で、平賀駅から侍従や随行を従えた殿下は、馬橇に便乗し広船部落の神社まで行き、沿道にならぶ歓迎の人垣に気持ち良い会釈をされながらいよいよ矢捨山踏破に出発されたのである。／全長二十八粁のこのコースはまことに変化に富んだ山岳スキーのスリルを味う日帰りコースとしては理想的なものである。しかも全行程を終りゆっくり大鰐温泉にひたりながらこれらの疲れをいやすことができる県下随一の山岳スキーコースで、何人も異口同音に賞讃するところである。／出発に際し殿下がスキーの手入れをされ重いリュックサックを背負われながらうねうねとつづいている上り一方のコースに第一歩を印した。（略）スガホに着いた頃は、天候すら宮殿下のお出でを慶祝してくれたのか全くうそのようにからりと晴れ上り、絶好のスキー日和になっていた。（岩淵忠三「スキーの宮さま　スキー御先導の思い出」、青森県広報課『県政のあゆみ』十一号、一九五三）

ここには心身共に充実した「スポーツの宮」としての表象が確認できると同時に、天候を変化させ得る〈聖性〉を保持した秩父宮の表象の残像も確認できるかと思います。戦前期における崇敬対象としての、いわば聖者としての秩父宮の表象がここでも残存しているわけです。軍人と崇敬対象としての位置づけというまさに戦前戦中期における地域社会の皇族表象を踏襲するかのような様相が、戦後の言説空間にも接続されていることが確認できるかと思います。地域の人々の声を捉えていった結果、秩父宮に関する全国に流布したイメージを具体化していくなかで、戦中期に生成したイメージが再生されることになり、時代的な諸言説の間にずれをはらむことになっていきます。

秩父宮の葬儀の前後に青森県域で行なわれた諸追悼行事に関する報道

つづいて、秩父宮の死に伴って行なわれた追悼行事にあらわれた皇族表象を見てみましょう。青森県で秩父宮の葬儀にあわせて行なわれた追悼行事は、二日間に七つありました（表9-2参照）。ここで見ておきたいのは、弘前市で行なわれた追悼式です。『陸奥新報』には次のように書かれています。

「切々捧ぐ追悼のまごころ　弘前で市民遥拝式　きのう故秩父宮の御葬儀」
この朝弘前市内官公庁、学校をはじめ、一般家庭でも戸ごとに弔旗をかゝげてはるかに哀との情をさゝげたが、午前十時から商工会議所で市内官公庁、学校経済商工界婦人会ならびに一般市民が参集して厳かな追悼遥拝式を執行した、同式は熊野宮林宮司が司祭して神事を行い、祭主雨森商工会議所会頭の祭文奏上後、同会頭、市長代理建部助役、神山議長、官公庁代表丸井弘大学長、婦人会代表三上会長、頌徳会代表久保副会長、会議所代表大水副会頭、商工会代表登島会長などの玉串奉奠あって神事を終了、続いて遥拝、国歌斉唱後神山市議会議長、久保頌徳会副会長の切々たる追とうの辞が献ぜられ、厳粛のうちに閉会した（『陸奥新報』一九五三年一月一三日一面）

この記事は「弘前市内官公庁、学校をはじめ、一般家庭でも戸ごとに弔旗をかゝげてはるかに哀とうの情をさゝげた」と書き始められ、追悼遥拝式には弘前市の市役所、市議会、弘前大学、婦人会、商工会等の諸団体の代表ら、いわゆる地元の名士たちがほぼ参加しているなど、市内全域が追悼のモードに席巻されていることがわかります。

注目されるのは、追悼遥拝式のもつ特異な様相です。地元の名士を集めた追悼式の儀礼を司るのは神社の宮司です。宮司が神事を執り行ない、神事が終わった後に参列者が「遙拝」し、最後に「国歌」斉唱をしています。この神道色の強い「遥拝式」というイベントにおいて、秩父宮の葬儀の時間に合わせるという時間の規律と、官公庁、学校、諸団体といった戦前戦中期の「御成」の再演とでもいうべき動員が行なわれていることは見逃せません。いわば戦前戦中期において皇族の「御成」を送迎するイベントを変奏するかたちで、死した皇族を追悼しているのです。ここにもまた、戦前戦中期における皇族とのかかわりに起因する、戦前戦中期の記憶の再演が確認できるとともにかかる宗教的な儀礼を惹起せしめる皇族の位置づけを見てとることができるのではないでしょうか。

このような聖性をもった皇族は地域社会における表象には残存しているのであり、それは天皇が

表9-2　1953年青森県域における秩父宮追悼イベント一覧

日時	イベント名	主催	場所
1月11日	故宮様在弘を偲ぶ会	弘前市立図書館	弘前市立図書館
	故宮様を偲ぶ追悼会	青森市教育委員会	正覚寺
1月12日	(黙祷)	青森県体育協会	青森市消防会館
	遥拝追悼式	弘前市商工会議所	弘前市商工会議所
	御高徳を偲ぶ座談会	秩父宮頌徳会	佐々木菓子店
	故スキーの宮様追とうの座談会		藤茶房
	追とう式	スキーヤー	故秩父宮殿下記念シャンツェランンデングバーン

（筆者作成）

戦後新たに獲得したマージナルな位置づけと共鳴するものともいえます。すなわち「人間宣言」を経て、一種の〈皇族化〉を受けた天皇と、天皇と比して相対的に変化の小さかった皇族の表象には、ともに超越性の残存と人々との近しさとを同居させた様相があったといえます。

しかし、こうした動向に関して注意しなければならないこととして、戦前戦中期と戦後の間の明快な懸隔が挙げられます。それは人々からの崇敬を集める様相を、皇族と天皇がもち得ていたとしても、「人間宣言」によって「天皇ヲ以テ現御神」とする言説は「架空ナル観念」として公的に否定されており、崇敬を集める当人はそのことに無自覚でありうるということです。いわば戦後における聖性をもつ天皇・皇族の表象は、当事者がその聖性を言説上否定することによって浮遊させており、一種の不可能性を内在させていたと言えるでしょう。

〈偽天皇〉たち

ではその浮遊する聖性はいったい何を呼び込むのか。ここで、この無自覚でありながら執拗に崇敬を呼び込んでしまう天皇・皇族の表象の対極として、同一の文脈において自覚的でありながら、崇敬を長期にわたって呼び込むことのできなかった人々に思いを致してみたいと思います。それは、熊沢寛道（一八八九‐一九六六）に代表される〈偽天皇〉たちです。

保阪正康は戦後、南朝の正統を語るかたちで一九人の〈偽天皇〉たちがいたことを指摘しています（保阪正康『天皇が十九人いた』角川文庫、二〇〇一）。なかでも特に高名な「熊沢天皇」は、まず占領軍の機関紙『スターズ・アンド・ストライプス』に取り上げられ、次いで雑誌『LIFE』に掲載されることを通してその名を広く知られることとなりました。戦前から南朝の正統を主張していた彼は、戦後のジャーナリズムのなかで人々からの好奇の目にさらされました。

この「熊沢天皇」の背景にあるのは、坪井秀人が指摘するように「戦時期の時間と戦後の時間とを無意識のうちにつなげようとする民衆の欲望」なのであり、それは「戦後空間において何が本物なのかが誰にもわからなくなっている状況を炙り出」すものでした（坪井秀人「戦後に生き残る変態」、竹内瑞穂＋メタモ研究会編『〈変態〉二十面相――もう一つの近代日本精神史』六花出版、二〇一六）。いわば「人間宣言」によって所在の不明となった〈神性〉と〈真性〉を希求する人々の願望を受け止めるかたちで、しかし好奇の目にさらされる状況にとどまりつつ誕生したのが〈偽天皇〉たちだったのです。

ここで〈偽天皇〉と、同時代の無自覚ながら超越的存在としての自己認識をもたず、それでいて人々からの崇敬を受け止める天皇・皇族と比較を試みると、きわめて興味深い対称関係を見出すことができるでしょう。即ち〈偽天皇〉たちとは、南朝からの正統性という自らの聖性に自覚的な反面、人々からの崇敬はきわめてわずかなものにとどまる宗教的権威たちだったのです。それは実質的に天皇と皇族の宗教的権威としての正統性を逆照するものともなり得ていたと言えるでしょう。坪井は偽天皇たちが天皇の正統性を保証するものではなく、何が〈本物〉かが不明確となった時代を照らすものであったと指摘しています。

しかし、一度定着した思考の枠組みは容易に消失するものではありません。瀬畑源によれば天皇と直接触れ合う機会であった戦後行幸に関して「当時の写真や映像を見ると、熱狂的に万歳をする人、泣いている人がいる一方、万歳に参加していない人や、好奇心丸出しの目で天皇を見ようと背伸びしている人もおり、さまざまな意図をもって民衆は集まって」おり、また「熱狂的に支持した人たちも、戦前と同様に神と受け取っていた人、「人間」となり「われらの天皇」になったと喜ぶ人、天皇の疲れている姿に同情する人など、様々な受け取り方があった」と指摘しています（瀬畑源「象徴天皇制における行幸」、河西秀哉編『戦後史のなかの象徴天皇制』吉田書店、二〇一三）。

また戦後少しく時間は経過していますが、丸山眞男は南原繁との対談において以下のように述べています。

絶対者が目に見えない本当の超越的存在であるときには、個人の良心というものがそこに訴えて、教会も含めた地上の制度や権力の絶対化と戦うことができるが、絶対者が目に見えるものであり、しかも国家権力と直接結びついているときには、そこから解放されるということは、事実上も、思想上もなかなかむずかしい課題であるといえます。（南原繁『南原繁対話民族と教育』、東京大学出版会、一九六六）

奇しくも、丸山の言説が提示された一九六六年に熊沢寛道はこの世を去りました。熊沢の死を扱った報道の小ささと比したとき、丸山の言説において指摘された超越性の残存の、その強固さが改めて確認できるのではないでしょうか。

以上、「人間宣言」以後の天皇・皇族、また〈偽天皇〉に目を向けてきました。戦後において天皇の〈皇族化〉という状況が生起したとき、そこには自らに向けられた聖性に無自覚でありながら、それを往々にして要請されてしまう崇敬対象としての天皇・皇族と、自ら「南朝正統」という聖性を自覚しつつも人々からそれを承認されない〈偽天皇〉たちの間に反転したかたちでのパラレルな関係を見て取ることができます。

そして、これらの背景にはメディアの介在を抜きにして考えることはできません。戦前・戦中における天皇や皇族もその表象の生成段階、すなわち法措定暴力の発動する段階を離れたとき、法維持暴力としての表象はメディアによる表象の再生産にその大きな要因を求めることができます。即ちメディアの介在こそが戦前戦中戦後をつなぐかたちで崇敬対象としての天皇・皇族・〈偽天皇〉を生産していたのです。

〈注〉

(1)神崎豊「一九四七年における一一宮家の皇籍離脱」『年報日本現代史』11号、二〇〇六。
(2)「象徴」という言葉の曖昧さ、定義の困難さについては河西秀哉『象徴天皇の戦後史』(講談社メチエ、二〇一〇)等を参照のこと。
(3)冨永望『昭和天皇退位論のゆくえ』吉川弘文館、二〇一四。
(4)小山亮「占領期天皇制のイメージ戦略―大元帥から「民主的皇室」へ―」吉田正彦・井戸田総一郎編『東京とウィーン――占領期から60年代までの日常と余暇』明治大学文学部、二〇〇七。
(5)北原恵「表象の〝トラウマ〟――天皇/マッカーサー会見写真の図像学」森茂起編『トラウマの表象と主体〈心の危機と臨床の知　1〉』新曜社、二〇〇三。
(6)『右手の優越――宗教的両極性の研究』ちくま学芸文庫、二〇〇一。
(7)浅見俊雄ほか編『現代体育・スポーツ大系』第二巻、講談社、一九八四。

第十章　弱者と超越性――現代における天皇(制)表象

1　皇族女子をめぐるまなざし

現在の皇室を見ると、その構成員のうち圧倒的に女性が多いことがわかります（図10‐1）。男性は明仁上皇と常陸宮、上皇の息子である今上天皇および文仁親王、そして文仁親王の息子である悠仁親王の五人だけで、あとは女性です。高円宮家や三笠宮家の女王たちもそれなりに名が知られていますが、女性皇族たちのなかでも、秋篠宮家の内親王である眞子さん、佳子さんの二人を、メディアのなかで消費するという動向、いわゆる「眞子さま」（マコリンペン）ブームと「佳子さま」ブームが、二〇〇五年前後から二〇一〇年にかけて生起しています。

「ひれ伏せ平民どもっ！」――「マコリンペン」ブーム（二〇〇五年前後〜）

「眞子さま」ブーム、「マコリンペン」ブームといわれるのは、次のような動向です。

図10-1　皇室の構成図

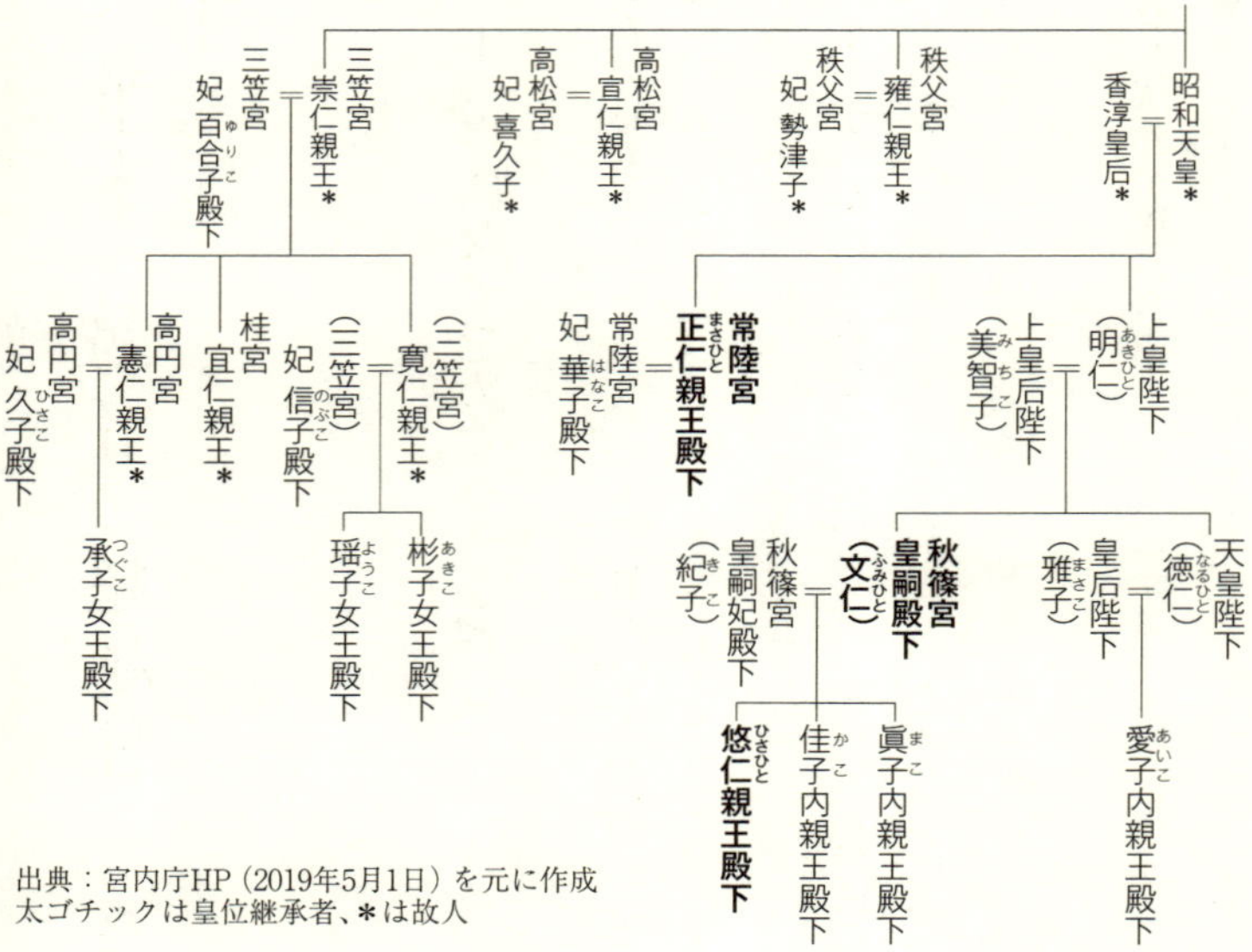

出典：宮内庁HP（2019年5月1日）を元に作成
太ゴチックは皇位継承者、＊は故人

> 「マコリンペン」に多少なりとも興味をひかれた方がいたら、まずはネットで検索してみて欲しい。すると「マコリンペンイラスト保管庫」「秋篠宮眞子様御画像保管庫」といったサイトに行き当たるはずだ。そこにずらりと羅列されているのは眞子様を模した〝萌え系イラスト〟の数々。（略）極め付きは「ひれ伏せ平民どもっ！」と題された動画である。[1]

眞子さんを描く画像のWeb検索結果を見ると、セーラー服姿で入学卒業式などに出ていた姿が、当時のネットユーザーたちに受けたらしく、〝萌え〟

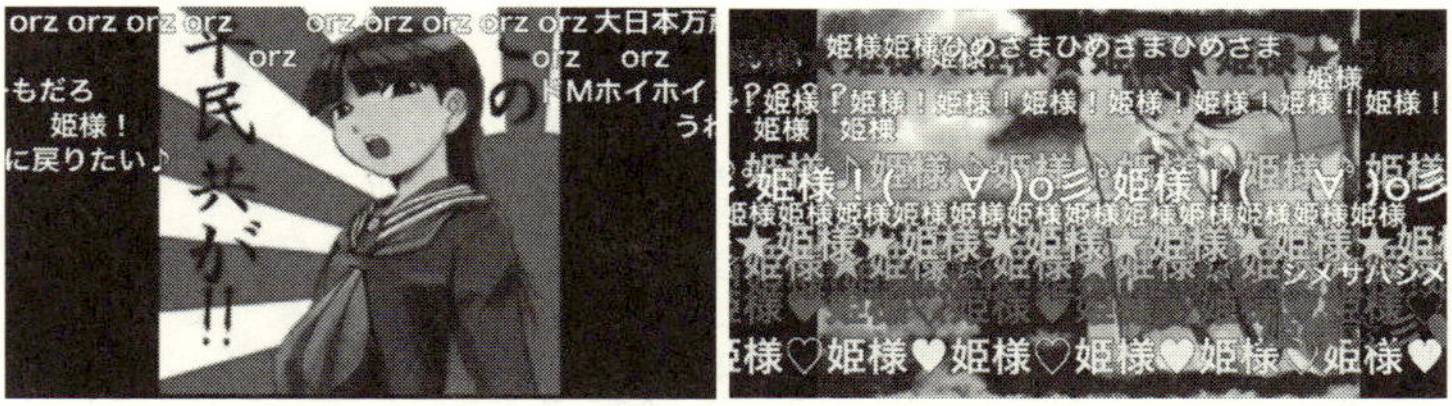

図10-2　ニコニコ動画「ひれ伏せ平民どもっ！」より

の対象として特に男性のネットユーザーを中心にそれらを消費していくという動向が成立し始めます。『週刊新潮』の記事で言及されていた「ひれ伏せ平民どもっ！」（http://www.nicovideo.jp/watch/sm1150984［二〇〇七年九月二七日投稿、二〇一八年三月二六日閲覧］、一七八万六五八八回再生、図10-2）は、音声や動画を編集し、文脈を再編するいわゆるMADと呼ばれる二次創作の動画なのですが、ここでは、東方プロジェクトというゲームのキャラクターソングを流し、そこに「姫様」という声を連続して入れることによって、皇族女子を言祝ぐものとなっています。そのほかにも、眞子さんの写真をコラージュして受容する動向が確認できます。

一方、妹の秋篠宮家の「佳子さま」ブームについては、『週刊文春』の記事があります。

> おしゃれに目覚めた佳子さまの高校生活は、私学の中でも地味だと評される学習院女子のなかでは華やかなものだった。／「佳子――――っ!!」／「エロい～!!」／「ＡＫＢより可愛い！」／学友たちの嬌声を受けたのは高校一年生（引用者註＝二〇一〇年当時）の佳子さま。[2]

一読して佳子さんのビジュアルが消費される傾向を確認できるかと思います。いずれにせよ、現在も「眞子さま」「佳子さま」ファンたちがいる状況が続いているといえます。

〈皇族萌え〉の異質さ

この〈皇族萌え〉という現象は、戦後以降の天皇（制）を見たときに、きわめて興味深くかつ異質な出来事として捉えられます。

河西秀哉は「戦後ある程度女性皇族たちに対しては、憧れというようなものがあり、新しさを皇族たちが身につけたときに、伝統性との間に齟齬をきたすのではなく、それが同居している状況である。また、現在の皇后の成婚前後に発生したミッチー・ブーム（一九五八～一九五九年）の延長線上に、このような出来事は存在するのではないか」と言っています。(3)

しかし、ミッチー・ブームとはレベルの違う出来事が起きているのではないかと私は思います。ミッチー・ブームと「雅子さま」ブーム（一九九三年）には、天皇家との血縁がない民間の女性が皇族と結婚することによって皇室内の存在となるという、「嫁ぐ」存在であるという共通点があり、ブームの原動力となったのは、週刊誌とテレビでした。

それに対して〈皇族萌え〉はＷｅｂ上やサブカルチャーで展開します。対象となるのは、皇族女子ですから、天皇との血縁が前提となっています。ですから、これまでのブームとは扱うメディアとその対象の立場が異なるものとして成立していることがわかります。

「眞子さま」ブームについて森暢平は、吉田親司の小説『女皇の帝国』（ワニノベルス、二〇〇七）から分析しています。ワニノベルスは、ベストセラーズという出版社から出ている戦記物でいわゆるヤング・アダルト小説です。ここで森は〈皇族萌え〉というのは、天皇を中心とした共同体における共通感情が欠如し、皇室の超越性が消えているなかで形骸化した超越性を消費しているものなのではないかと言っています。(4)

すでに浅田彰は「「J回帰」の行方」（『VOICE』二〇〇〇年三月号）のなかで、サブカルチャーと親和的かつサブカルチャーを利用する天皇制というものがある、と言っています。美智子（上）皇后もサブカルチャーに造詣があって、ゆるキャラとしてのくまモンにとどめを刺していたのは彼女であると先述しましたが、それと似たようなことを言っています。

サブカルチャーのなかにある天皇（制）として〈皇族萌え〉を捉えたときに、それはいかなる形で成立していくのか。また、そこにどのような天皇（制）への問いが生れうるのかを考えていく必要があるのではないかと思います。

これらの背景として考えなければならないのは、皇位継承問題です。二〇〇〇年半ば頃は、皇位継承をめぐる議論が進むことによって、それ以前より皇族たちのメディア露出が増えていました。それによって、皇族が人々に認知される可能性が高まっていきます。二〇〇六年九月に、秋篠宮に悠仁親王が誕生したことで、皇位継承問題についての議論はいったん収束したかのように見えましたが、そのなかで認知されていったのは、皇族妃ではなく内親王や女王といった、生まれながらにしての皇族女子たちでした。

2 『花咲けるエリアルフォース』における天皇(制)表象4

サブカルチャーにおける天皇表象のサンプルとして、なにを取り上げるかは、なにを明らかにしたいかに関係してきます。社会的な動向を見るためには広範な視野で見ていかなければならないでしょうし、特徴的な傾向を見たいのであれば先鋭的なものを扱うことになります。ここでは、後者の例として、とある異色のSF小説をとりあげてみます。

ヒロイン〈天皇〉=桜子の表象

ここで取り上げる杉井光によるライトノベル『花咲けるエリアルフォース』(ガガガ文庫、二〇一二)のあらすじは以下のとおりです。

戦争によって家族を失った仁川佑樹は、コミュニケーションの苦手な中学二年生。彼はある日の敵襲のなか、桜の花びらのかたちをした戦闘機から降りてきた同年代の少女と出会う。導かれて軍に入隊した佑樹は、少女と同じ中学校に通いつつ、特殊な力をもった者にしか操縦することのできない戦闘機に乗って戦友とともに敵と戦い、戦友の死などを経験しながら心を開いていく――。

一見すると、SFと学園ロマンスがミックスしたよくある青春小説に見えますが、ヒロインを天皇とみなすことを読者に要請する点で特異な様相をもっています。

この物語のヒロインである桜子（表紙絵〔図10－3〕の少女）には、名字がなく、「大元帥」と呼ばれています。つまり桜子というのは、国家元首かつ戦争指導者である近代天皇ときわめて近似した存在として設定されているのです。

すでに確認したとおり、近代日本のメディアでのタブーの一つに、天皇を描くことがあると言われてきました。渡部直己が指摘しているように、[5] 天皇を描く天皇小説は今なお圧倒的に少ない状況です。そこで、ヒロインを天皇として読むことを要請するこの小説（以下、『エリアルフォース』と略記）を、桜子の表象を中心に考えてみたいと思います。

図10-3　『花咲けるエリアルフォース』（ガガガ文庫）

桜子の〈天皇〉性

渡部は、近代以降の小説の特徴として、天皇の内面に立ち入ること（接近）と、天皇がいない場所を志向すること（回避）が、ともに禁じられていたのではないかと指摘しています。[6] この『エリアルフォース』は、仁川佑樹という中学生の一人称で語られており、「天皇」である桜子の内面に直接立ち入りません。しかも「日本」や「天皇」といった言葉は示されないなど、従来の天皇小説と同様の限界を有しているように見えます。

しかし、この小説と、これまでの天皇小説といわれるものとの間には決定的な違いが二つあります。一つは、テクストの内部において「萌え」の対象として女性天皇が描かれる、ということであり、もう一つは内戦、つまり国家の主権性が攪乱される状況で自ら最前線で闘う天皇という表象です。

〝萌えキャラ〟としての〈天皇〉

この小説における、萌えキャラとしての天皇について見てみたいと思います。テクスト内部で萌えの対象として描き出される女性天皇の特異性についてです。桜子は毎日のようにメディアに露出する存在です。その背景には「桜子のお父さんが、ええとつまり前陛下が、ちょっとその、そういう変な趣味の人で、桜子を可愛く映せば国民がやる気出すからって」(二〇六頁) というメディア戦略がありました。

その結果「ぎっしり詰まったぬいぐるみの間に、ピンク色の髪の女の子の人形が逆さまになって埋もれていた。だいぶデフォルメされて丸っこいけれど、軍服や髪飾りのデザインからして明らかに全国民のアイドルたる女帝陛下に間違いない。」(二二七頁) と、明らかに桜子をモデルにした人形がクレーンゲームの景品として扱われていたり、佑樹の同僚が「空軍が誇るエロ画像共有データベース」の存在を教えた際には「陛下の生尻とかみんな泣いて喜ぶぞ」（一一五頁）、と言っているように、この国の一般民衆と軍人たちの間でこのメディア戦略は有効に機能していると言えます。

物語内で萌えの対象として桜子は設定されていますが、同時に彼女は物語言説でも萌えキャラとして扱われていきます。例えば、初めて佑樹と出会った際に桜子は彼を軍隊に徴用するため「想像もつかない力」で佑樹を「桜色の機体へと引きずって」いきますが、一人乗りの戦闘機のコクピットに密着して乗り込むということに気づくと、「頬を朱に染め、ふるふると首を振り」（三三頁）、恥らうなど、いわゆる「ギャップ萌え」を想起させる表現がされています。また、「わ、わたしがっ、呼び捨てでいいと言っているのにっ」／桜子はぼくの胸を指一本で強く突き飛ばした。／「なんだおまえは。ちょっとはありがたいと思え！」（六四～六五頁）では「ツンデレ」的な話型が展開しています。

また、彼女は毎朝ジョギングをするのですが、その際にはブルマという今や使用されない体操着に身を包んでおり、その姿は「ブルマからすらりと伸びた細い脚がまぶしい」と描写されているなど、性的なまなざしにさらされていることまで確認できます。つまりこれらのギャップ萌えやツンデレ、そしてブルマという萌えの様相を取り込んだ姿として描かれていることが明快なのです。

この萌えキャラとして天皇を扱う描写には、二〇一一年の段階ですでに成立していた〈皇族萌え〉の動向が流れ込んでいるのはまず間違いないと考えられます。

最後の天子――消去法的な皇位継承

この小説のなかでは、皇位継承についても触れられています。桜子が皇位を継ぐ経緯には以下の事情がありました。

「桜子の両親、兄弟、伯父伯母すべて、つまり彼女を除く皇統の全員が、開戦に前後して発生したテロで亡くなっていた。皇位は自動的に、消去法的に、桜子へと継承されたわけだ。この国の皇統は男系と決められているので、桜子は最後の天子、ということになる。」（九三頁）

皇位継承が、テロという暴力によって消去法的、消極的に成立していることが提示されています。前に触れた、深沢七郎「風流夢譚」（一九六一年）を想起させるような展開ですが、皇位継承の背景として皇族の全死という状況があるということがわかります。

先ほど吉田親司『女皇の帝国』（KKベストセラーズ、二〇〇七～二〇一〇）という架空戦記シリーズについてわずかに言及しました。あらすじを簡単に紹介すると、天皇が亡くなり、皇太子がとある事情で不在なため、桃園宮那子内親王が軍隊の指揮を執りながらソ連と闘うという物語です。時代は、第二次世界大戦前後。この物語では構造上、女性皇族がいなくなっても、弟である皇太子が生存しているので皇位継承の可能性は残されています。

一方、『エリアルフォース』は少し異質です。国家の敗北さえまぬがれれば、皇統の存続が理論上可能な『女皇の帝国』と比べて、『エリアルフォース』では、彼女以外の皇族は皆死んでいますので、〈皇族萌え〉を描いた小説として提示されながら、同時にその国において天皇（制）がそう遠くない未来に滅びることを宣言するテクストとしてもあるわけです。

「皇国」と「民国」

滅びを運命付けられた天皇桜子は、いかなる存在なのか。それは内戦状態において自ら最前線に出て闘う天皇という表象の問題と直結しています。

この小説では、東に皇国、西に民国があり、内戦状態にあります。皇国は連邦（ステイツ）、民国は議長国（サヴォッキ）の支援を受けています。議長国は旧ソビエト連邦と中国を想定しており、連邦はアメリカがモデルです。これは、かつての米ソ東西冷戦の図式です。つまりこの小説には冷戦によってもともと一つの国だったものが分断された代理戦争のイメージが刻印されているのです。

このような背景のなか、内戦について桜子はそれを「私の戦争」だと言います。

「私の戦争なんだぞ、おまえのじゃない！　これまでもみんなわたしが殺してきたんだ、これからも、わたしがッ！　わたしが殺すんだ！」（三〇五頁）

「そうだ。わたしが前線に立ち、誰よりも多く殺すところをすべての民に見せなければいけない、とお父様はおっしゃった。他のだれにも責を負わせないためだ。王というのはそのために存在するからだ。だれもがわたしのために戦い、わたしのために殺し、私のために死ぬ。」（一三八頁）

このように天皇桜子は、戦争責任を引きうけるということを宣言するのですが、その背景には「前陛下」の呪縛があります。テクストの内部において〈萌えキャラ〉として桜子のイメージが提示されていますが、そのイメージ戦略をつくったのは、前陛下である彼女の父親でした。戦争責任にしても同様です。この「戦争責任」という文言を目にしたとき、昭和天皇とアジア太平洋戦争のイメージを思い起こさざるを得ません。この小説の世界は、Ｗｅｂメディアも発達した近未来として描かれていますが、そこで描かれている諸表象には、アジア太平洋戦争に関するものが非常に多くあります。

まず桜子の戦闘機の名前は「初雪」で、これはかつての大元帥・昭和天皇が乗っていた軍馬の名前と同じです。昭和天皇は前線に赴きませんでしたが、桜子は「空軍のトップエース」として戦闘に参加しています。歴史的には空虚な記号だった〈大元帥〉というものを実体化しているわけです。

次に、主人公の佑樹や戦友の那須野佳織らは、戦局を変えるような戦闘力をもった戦闘機「桜花」に乗りますが、「桜花」とは大戦末期に実戦投入された日本海軍が使用した爆弾を抱えた一人乗りの特攻専用機で、乗り手の死が前提とされたものでした。

そして「桜花」と結びついて、物語の核心にかかわってくるのが、「靖国」と呼ばれる場所です。「桜花」の基地でありまた魂の帰る場所が、「靖国」と呼ばれていて、物語のなかで「靖国で会おう」という言葉が幾度となく繰り返されますが、これはイデオロギッシュな比喩に止まりません。

戦闘行為の最中に主人公が意識を失うシーンで、次のような光景を見ます。

「一人だけじゃない。数十の、数百の声が僕を押し包む。母親や父親、恋人を呼ぶ声が炎の中に呑《の》み込まれる。民主主義永遠なれ《デモカエテルナ》、と民国のスローガンを叫ぶ声もする。（略）死者たちの記憶と

魂が僕のなかを通り過ぎ、僕の意識に灼《や》けた掻《か》き傷の筋を残して、北の空に向かって飛んでいく。」（一六五頁）

この小説においては、魂が靖国に還るという現象が実際に起きることとして描かれます。しかも、ここでは敵であるはずの民国の人たちも靖国に還ってくるのです。もともと同じ国だったので民国の人々も、皇国の中心として設定されている場所「靖国」に死後は魂が還ってしまう。この靖国の思想によって桜子の「この国はわたしの国」（一三七頁）という言明にあるように、〈国家〉の一体性を証明しているわけです。そして、神楽という靖国の巫女は、戦闘で死んだ人間が靖国に還ってくると、その人の名を認知して、その名を岩に刻みます。

物語のなかで、戦友の一人が裏切りの結果、戦闘機に乗って闘いを挑んでくるシーンがありますが、技術によって不死者になった戦友がやっと死ねて靖国に還るという最終章を迎えます。そこでも、靖国という機能が働いていることが明確に描かれます。

戦争責任と主権者

皇国と民国の戦争には、先ほども触れましたが、代理戦争としての様相があります。

西谷修が『戦争論』（岩波書店、一九九二）で「個々の戦争主体の主体性は、全体としての戦争のうちに溶解してしまう」のが世界戦争のあり方であると述べています。そのような状況に、桜子は抗おうとします。敵である民国の死者が靖国に祀られていることを問われたときに、「この国のだれかが流す血は、わたしの血だ。この国がだれかを殺すとしたら、それは私の罪なんだ」（一三七〜一三八頁）と言います。国家の主権者としての責任を負うことによって、「わたしの国」という言明を実体化していきます。

この戦争責任を引受ける主権者を考えるにあたって、テクストにある天皇の涙という表象はきわめて重要です。かつて先帝である父親の死に涙を流した桜子は、「あらゆる戦死を王の責として負わせるために。／「だからわたしは、逃げない。泣くところも見せない。わたしのために死んだすべての者たちのために、もう二度と泣いたりしない」」（一三九頁）と言います。

しかし、戦友の那須野佳織の戦死を知った時に、もう一度涙を流す桜子が描かれます。父親の死と戦友の死に際しての涙は、個別の死に対しての喪の「涙」になるわけですが、それは隠匿すべき対象として扱われます。泣くことすら許されない、被抑圧者、弱者としての天皇が描き出されます。語り手である佑樹はこちらを向くなと言われ、目をそらすことしかできないのです。

しかし、この構図は変化していきます。次の引用は佑樹が主体的に戦闘に参加することを選んだシーンです。佳織の死は実は仕組まれた裏切り行為で、桜子と佑樹が民国の生体兵器のようになった佳織と対峙しなければならなくなったとき、戦闘を嫌っていた佑樹は、このように言います。

「でも、桜子。きみが痛ければ、ぼくだって痛い。ソメイヨシノがそういうふうにぼくたちをつないでしまった。ぼくだってこの翼の下に嘘と欺瞞と言い訳をいっぱい詰め込んでここまで飛んできたんだ。ぼくらの場所に――靖国に連れ戻すということは、殺すことと同じだ。ぼくは先輩を殺しにきたんだよ、きみみたいに強くないから、痛ましすぎて言葉にできないだけで。／だから、桜子、きみひとりの戦いだというなら、それでいい。／ぼくが——／ぼくが、きみの弾丸になる。」（三〇六頁）

戦争に参加することを積極的に選択する佑樹の行為は、桜子という天皇を主権者とする戦争に参加することを積極的に選択し、桜子が負うべき戦争責任を分有する提案をしていると考えられます。先帝の呪縛から桜子を解放しようという試みがなされているわけです。

しかし、桜子が涙する描写は、ラストシーンで、「その涙は、だれにも知られないところで、ただ一人のために流されなくてはいけない。」（三二四頁）と書かれていて、語り手の佑樹も天皇の涙の特権化に加担していきます。佑樹は天皇の負う全責任を引受けるのではなく、限定的に引受ける、しかも天皇の戦争責任を本人の口から告白させるという先鋭性がある一方で、語り手による分有を恣意的に近しい共同体に閉じてしまうあり方は、あまりポジティブには評価できません。しかし、この物語の語りの位相を考えたとき、その評価は変わってきます。

接続子たちの「ソメイヨシノ」性

接続子、つまりこの戦闘機を動かすことのできる人間たちのことですが、彼らはある記憶を共有する存在として設定されています。物語の冒頭でソメイヨシノが、ある日一斉に滅びるのですが、戦闘機に乗ることができる人間たちは、このソメイヨシノの残像を強くもっていることが共通しています。彼らがソメイヨシノの姿を心に深く捉えた記憶の力が、兵器である「桜花」を動かす原動力になると説明されています（ちょっと不可思議な設定ですがＳＦの世界だということを念頭に置いてください）。記憶の力で、桜が滅びる瞬間を思い出すことによってその機械は動く。

この接続子たちそれぞれの記憶をとどめる桜が九本だけ靖国に残っていて、それと接続子が魂のレベルで結びついており、接続子が死を迎えると対応する樹も枯れると設定されています。ソメイヨシノは、同じ株からしか生れない、接ぎ木や挿し木でしか増やせない樹木ですが、この小説ではそれゆえ他の人間たちと同じ記憶を共有しうると説明されます。彼らは一つながりの生命体として位置づけられ、記憶を共有する存在として描かれていきます。すると共有された記憶を語る行為は、共同体の記憶を語る行為になることに気づきます。この、共通の記憶を語るということがどういうことかを見る前に、この物語がどの時点で語られているのかを見ておきたいと思います。

この小説の冒頭には次のような独白があります。

「ぼくが言葉にできるのは桜のことだけ。／かつて、この国を埋め尽くすほどたくさん植えられ、春を彩り、散り、一斉に枯れて滅んでしまった、あの美しい花の物語だけだ。／それは同時に、桜をその名に持つ九つの翼たちの物語でもある。（略）あのソメイヨシノという名前の桜たちが、どんなふうにこの惑星から消えてしまったか。それだけなのだ。」（一〇頁）

この物語のなかで、戦闘機「桜花」を操ることができる人物は、四人しか出てこないので、「九つの翼」はここでは語られません。また、佑樹たちの記憶をとどめて、彼らの生命と密接につながっていると表現される靖国の桜が存在する以上、惑星からの消滅も厳密にはこのテクストでは描かれていません。さらに、「この戦争は『極東動乱』とだけ名づけられている。最終的に三百万人の死者を出しながら、教科書の上では戦争ではないことになっているらしい。」（二三頁）とありますから、つまりこの物語は「戦後」に描かれていることが明示されています。

すなわち、このテクストが閉じられた後になお物語が続いていくことが確認されます。では、語り手はどこにいるのでしょうか。前述のように対応する接続子が生きている限り、靖国の「ソメイヨシノ」は存在し続けるという設定なので、「惑星からソメイヨシノ」が消えるには、接続子が全員死ななければならないことになります。そもそも物語の現在時で皇国は敗勢で、民国が圧倒的に強い。彼らの乗る「桜花」だけが、それに対抗できる最後の手段です。しかし、この惑星からソメイヨシノが消失するということは、かかわる人間たちが全員死に、皇国が敗戦するということを意味します。仁川佑樹を含め、接続子たちは語りの現在時において全員死んでおり、テクストの語り手は亡霊だということがわかるのです。

敗者たちのモノガタリ

つまりこの物語は全編を通して敗者かつ死者たちの物語なのですが、それはどのように語られるのでしょうか。

「皇国側にとってはまぎれもない隣国からの侵攻だったけれど、歴史の記述に熱心な学者が多いのは圧倒的に民国側だった。／ゆえにこの戦争は、『極東動乱』とだけ名づけられている。最終的に三百万人の死者を出しながら、教科書の上では戦争ではないことになっているらしい。」（二二三頁）

ここでは、戦後の語りのなかでは敗者の記憶は消去され、民国の「歴史の記述」が残っているわけです。つまり、後世の歴史家が歴史をふり返って、時間を整序して出来事を意味づけて記述するという民国側の歴史叙述のあり方に対して、テクストの語りとは、未完の物語なのであり、敗者、死者による自らが歴史化されることへの抵抗であるということができます。

では、テクストにおける「時間」とは何か。そもそも戦闘機「桜花」の動力源は「記憶」の力でした。「時間が人間の意識を過去から未来に押し流す力を利用して動」（一九一頁）くと書かれています。そこには、リニアな時間意識があるのですが、時間軸から離れると存在が消されてしまい、靖国に還ることができなくなる（＝「バーストする」と表現されます）、と説明されています。

しかし、テクストにそれだけでは回収できない出来事が描かれます。父と再会するために、皇国を裏切った佳織が「バースト」する場面と、ラストシーンです。

「ずっと……呼んでくれてた？」（三二〇頁）
「……声、聞けて、よかった」（三二一頁）
ぼくの意識のずっと深くに、誰かのささやきが波紋をつくる。（三二一頁）

科学者で「桜花」の開発者である父に身体を改造され、兵器と融合した生体兵器になって人間の意識を失った佳織は、佑樹に「ずっと……呼んでくれてた？」と問い、「声、聞けて、よかった」と言い残して「バースト」する。そして佳織の「バースト」後、遺された三人が靖国で佳織の思い出にひたるなか、佑樹が佳織を「呼ぶ」と佑樹の「意識のずっと深くに、誰かのささやき」が聞こえ、佳織のソメイヨシノは散り始める。即ち「呼ぶこと」を通して、リニアな時間の「流れ」に抗い、佳織を靖国に「還す」ことに成功するのです。

このことが肯定的に描かれ、「刃が岩を刻む音。／魂を、呼ぶ音だ。／桜子は陽の中に一歩、また一歩踏み出し、振り向く。その髪と同じ色に染まった景色の中で、彼女は微笑む。／「届いたじゃないか」」（三二四頁）、という明るい描写でテクストは閉じられていきます。

しかし、先ほど確認したように、このリニアな時間に抗しようとする「接続子」たちには、滅ぼされ、歴史化されてしまう未来が暗示されています。すなわちいかに抗おうとも、その滅びと忘却は回避できないのです。ここからはここまで見てきたネガティブな結論に止まらず、天皇小説の限界を踏み越える批評性を含むテクストとして読むことができると考えられます。

戦争責任を引受け、萌えキャラとしてある天皇が敗北し、亡霊化する物語としてこのテクストは差し出されています。この不穏な問題提起を私たちはどのように捉えればいいのかを考えてみる必要があるのではないでしょうか。

3　平成末の天皇（制）表象

二〇一六年八月八日「象徴としてのお務めについての天皇陛下のおことば」

最後に、天皇についての議論が喧しくなったきっかけである二〇一六年八月八日の平成の天皇のビデオメッセージを検討したいと思います。本文は宮内庁のホームページでも確認できますので、ここでは省略します。このビデオメッセージを天皇の表象としてみたときに、どのように捉えることができるでしょうか。

冒頭の「本日は、社会の高齢化が進む中、天皇もまた高齢となった場合、どのような在り方が望ましいか、天皇という立場上、現行の皇室制度に具体的に触れることは控えながら、私が個人として、これまでに考えて来たことを話したいと思います。」という部分では、高齢者となった天皇という問題と同時に、語り手である天皇本人も憲法の規定に従う姿勢を明示しています。

「国民」のもつ意味

このテキストのなかで幾度となく繰り返される「国民」という言葉があります。

天皇が象徴であると共に、国民統合の象徴としての役割を果たすためには、天皇が国民に、天皇という象徴の立場への理解を求めると共に、天皇もまた、自らのありように深く心し、国民に対する理解を深め、常に国民と共にある自覚を自らの内に育てる必要を感じて来ました。こうした意味において、日本の各地、とりわけ遠隔の地や島々への旅も、私は天皇の象徴的行為として、大切なものと感じて来ました。

国民へ自ら寄り添うとともに、国民からも理解と寄り添いを要請する、双方向的な関係性を志向し、そして国民に問いかける（五分二七秒）際に、画面を見ているであろう国民を見るようにカメラに目を向けています。国民との双方向的な関係をこのようにビジュアルで示すことが、このビデオメッセージでは意識的に行なわれています。

抑圧と哀切

ではこのメッセージにおける天皇は、いかなる存在として描かれているでしょうか。

その様々な行事と、新時代に関わる諸行事が同時に進行することから、行事に関わる人々、とりわけ残される家族は、非常に厳しい状況下に置かれざるを得ません。こうした事態を避けることは出来ないものだろうかとの思いが、胸に去来することもあります。（略）国民の理解を得られることを、切に願っています。

天皇の死後の行事について語っていますが、皇族のことを「家族」と言っています。天皇は、政治的な発言は憲法上できませんから、できることは「願う」という行為です。自分の意思を通すことが禁じられている存在として自己表象する、自らに覆い被された抑圧を明確にしないかたちではあっても、それを提示していく。そして国民に対して理解を求めるという言説構造になっています。

他国の大統領や首相ら政治家は、リーダーとしての自らの強い意思を明示しなければならず、言説においても強者であることを示すために、往々にして原稿なしで、つまり自らの意志で語っているかのように自己像を示します。ところが、平成の天皇は原稿を読んで見せることにより、そのような「強い」イメージとの差異を提示します。また、原稿を読むことは、あらかじめ決められた言葉しか発話することができないという自らの置かれた立場を示してもいます（このことは令和改元前後の儀式が国事行為とされた際に、そこで新旧天皇が読み上げる文書の文言が閣議決定されたことからも確認できます）。

先に取り上げた戦後皇族が、弱者として自らを描いていたことをいまいちど思い返してもいいかもしれません。決定的な責任を負うという行為から、切り離された存在としてあることを、皇室関係者が連続して行なってきたことに注目していいでしょう。

このビデオメッセージの天皇の願いとは、最後の段落にあるように、自らの生前退位だけでなく、安定的な象徴天皇の継続です。自ら置かれている状況を保持することへの隠さざる欲望がここに出ています。今の天皇の働きとしては癒しとして傷ついた人たちを救うことや、戦死者に対する慰霊などが注目されていますが(7)、癒す対象者が国民だという一点に収斂していきます(8)。国民国家を残存させそれを維持していくために、自分の行為が存在するのだという自己認識がここから明確に見て取ることができます。

主張の中心として設定されているものはどこかを見たときに、それに対して無答責な存在、すなわち責任を負うことはできないが、そのような希望を示すことができる。また自分自身が抑圧されているからこそ、「願い」を叶えることを国民に要請する政治的主体として、このビデオメッセージの天皇は表象されていると言えます。ここでいう政治とは、国政ではなく、「個人的なことは政治的なことである」という第二次フェミニズム運動で使われていた言葉のなかの「政治」に近似した意味においてです。自らを「弱者」とすることによって言説的強度を獲得するという、きわめて戦略的な発話がここには内在しているということを、確認しておきたいと思います。

サブカルチャーにおけるメディア表象

政治主体としての天皇のイメージは、暗示的なレベルかもしれませんが、いまなおさまざまなカルチャーに胚胎しています。先ほど取り上げた『花咲けるエリアルフォース』もそうですが、その後の、二〇一八年に刊行されたコミックからも例を挙げます。

高遠るい『レッドマン・プリンセス――悪霊皇女』（秋田書店、二〇一八）の主人公暁宮星子《あけのみやしょうこ》は愛子さんをモデルとした架空のプリンセスです。その星子に、白人に虐殺されたアメリカ先住民テカムセの霊が憑依して、アメリカと戦うという物語です。ちなみにテカムセ（?-一八一三）は、白人入植者に対するアメリカ先住民の抵抗運動の指導者として合衆国軍と戦った実在の人物です。テカムセの死後、彼ら先住民たちを掃討した合衆国軍将軍ウィリアム・ハリソンが、第九代米大統領に就任してわずか一カ月で死去したことから、大統領の死は「テカムセの呪い」だという都市伝説が生じました。『レッドマン・プリンセス』はこの都市伝説をモチーフにしています。

テカムセの霊に憑依された星子は、米軍の横田基地に乗り込み、霊能力で白人兵士を虐殺します。ここで重要なのは、皇族女子にはこのようなスピリチュアルな力を発動させうるような潜在的な「力」

図10-4　『レッドマン・プリンセス』（秋田書店）

があるという認識が提示されているところです。

ところで作中に登場する首相は第九七代総理大臣という設定で、これは連載当時の安倍首相を連想させますし、彼にかかわる疑獄事件のモリカケ問題にも言及があります。このように現代政治への批評性が打ち出されている点で非常に興味深い作品です。しかも、日本の問題点としてこのコミックが問題提起するものは、アメリカ追随型の社会構成を日本がとっていることです。その際に、アメリカを破たんさせようとする主体が皇室の一員に設定されている。つまり、日本を本質的に救う存在は皇室なのだという期待がこのテクストにはめ込まれているといってもよいかもしれません。

このようなかたちで、これまでになかったようなリベラル左派の欲望を引き受ける側面が、天皇・皇族にはあります。ただそれは、先ほどの平成の天皇のビデオメッセージに見られる表象とのあいだに当然ながら齟齬をきたします。先ほども述べたように、メッセージにおける天皇のメディア戦略は自らを「弱者」としつつ、国民国家の持続と皇位継承の安定を希求するものでした。それに対して、スピリチュアルな力を前提として行き過ぎた新自由主義者たちを滅ぼすべく闘う皇族の姿は相いれるものではありません。しかし、むしろこのような潜在的な宗教性を天皇・皇族にゆるやかに認める表象が現代社会において認められることは、平成の天皇の言説における「弱者」としてのイメージを裏切っていくものとなるでしょう。

結局、天皇（制）をめぐっては、右派的な欲望を受けとめる天皇表象のかたわらで、リベラル左派的な欲望を受けとめる天皇・皇族に対する期待、この二つが現在においても交錯し、対立し、混在している状況にあると言えます。それらの期待を寄せられた本人としての天皇が提示しているもの、それとのあいだにも齟齬が生れます。こうしたさまざまな位相で成立する天皇表象のあり方を総合的に見ていくこと、そのイメージの交錯と対立を含めて、今の天皇（制）というものが、メディアが集積するなかで成立していることを、平成の天皇のビデオメッセージは明確に示すものでもあったと言えます(9)。

戦後をかたちづくる言説として、昭和天皇の玉音放送がよく知られています。また天皇みずからがみずからを神ではないと発話したものとして「人間宣言」と呼ばれる勅語があります。それらは、新聞等に印刷されたテキストとして人々の目にさらされるか、ラジオに流れる音声として耳にふれるか、もしくは現在ではビデオを介したメッセージとしておくられるか、といったかたちのメディア表象を通じてなされていったものです。その天皇に関するイメージを生産し、再生産し、流布していくものもメディアにおける表象です。メディアにおける天皇の表象を、微視的かつ多数突き合わせ、そこに内在している欲望を読み解き、そこで表現されている天皇とはいったい何なのかを考えていくこと。それによって天皇（制）といういまだに命脈を保つシステムならざるシステム、表象の集積体としてのシステムに迫っていくことが可能なのではないかと考えます。

〈注〉

（1）「秋篠宮眞子様」に萌えるオタクの合言葉「マコリンペン」『週刊新潮』五四巻三四号、二〇〇九。
（2）「秋篠宮佳子さま美人すぎる皇族の奔放な学園生活」『週刊文春』五五巻一四号、二〇一三。
（3）http://www.huffingtonpost.jp/2015/04/10/princess-kako-why-she-is-so-popular_n_7038586.htm（二〇一五年一〇月一日閲覧）。
（4）森暢平「島宇宙を漂流する「象徴」――〈眞子様萌え〉そして「ドス子」と」（『世界』七九二号、二〇〇九年）
（5）渡部直己『不敬文学論序説』太田出版、一九九九。
（6）前掲渡部一九九九。
（7）河西秀哉『明仁天皇と戦後日本』洋泉社、二〇一六。
（8）このような明仁天皇の国民国家へのこだわりについては瀬畑源「明仁天皇論」（吉田裕ほか編『平成の天皇制とは何か――制度と個人のはざまで』岩波書店、二〇一七）にも指摘がある。
（9）この現代の天皇（制）をめぐる問題提起については、茂木謙之介「天皇制」（『現代思想　総特集＝現代思想43のキーワード』二〇一九年五月臨時増刊号）を参照のこと。

あとがき

「まえがき」にも述べたように、改元後、マス・メディアやSNSなどを中心に爆発的な天皇・皇族・皇室表象が生成され、それらをすべて捕捉することが不可能となってしまった感があります。ただ、この原稿をものしている二〇一九年五月上旬の段階で天皇(制)をめぐって見えている課題は「狂乱」と「不安」ということばに集約できるのではないかと思います。

二〇一九年五月一日午前〇時という近代的な時間感覚で設定された改元は、その同じ時間に全国でテレビ中継が行なわれ、カウントダウンや打ち上げ花火が催され、SNSで祝いの言説が拡散するなど、年末年始にも似た祝祭感にあふれていました。これは天皇の死を伴わない改元をどのように寿ぐかという際に、メディアが参照可能なイベントが年末年始のそれしかなかったということもあるかもしれませんが、ともあれ新元号の始まりを明るく祝うモードがある程度期待され、それを短い時間で繰り返し表象することによって新たな元号を人々がすんなりと受け止めるような状況を生んでいたのも、また事実のように思います。経済的にも政治的にも決して問題がないとは言えない二〇一九年の閉塞感に対する画期化の欲望がこのようなかたちで導かれ、それを消費者としての私たちが享受したが故の状況であることは言うまでもありません。しかし、このようにふわっと新天皇の誕生と新元号への変化を喜ぶこと（「ゆるふわ天皇（制）」の認知）によって、同時に私たちの身の回りに未だに存在している差別や暴力（もちろん皇室という枠組みも、そこに所属する人びとの意思・欲望とは関係なくその身体を拘束し、ふさわしさのなかに投げ込むという意味において該当します）を不可視化している側面があるのも事実です。

もちろんこの責は「私たち」という大きくあいまいな主語にふわっと回収されるべきものではありません。今回の改元でこのようなメディア状況に最も寄与したのは他でもない人文系の研究者たちです。本書でも言及したように、天皇・皇族・皇室をめぐっては何らかの「ふさわしさ」が不文律的に設定される傾向があり、今回メディアにおける「ふさわしさ」は歴史学を中心とした研究者たちに求められました。そして彼ら（そう、圧倒的に男性ばかりがコメントを寄せていました。ここにも天皇（制）表象をめぐるジェンダーの問題は内在しています）は現状を認めるにせよ、認めないにせよ、テレビ番組や新聞紙上で解説やコメントを展開し、実質的に改元を画期としたアクチュアリティに寄り添い、天皇（制）表象を紡ぐことに加担しました。本書で提起した表象の集積体として天皇（制）を捉える視座は（もちろん本書そのものも含めて）かかる状況を相対化し、読者の新たな「読み」を要請するためのものでもあります。

またこの狂乱状況の一方で提起されていたのは皇室の存続をめぐる問題でもありました。改元時点で皇位継承の可能性を持つ男系男子は三人にとどまり、今後の天皇（制）継続を考えるならば秋篠宮家の一系統に絞られてしまうという不安定な状況に改めて光が当たったように思われます。本書では昭和改元の時点で皇位継承順位のリアリティが高かった皇族たちに注目しましたが、これは現在の皇室をめぐる問題とも通底しうる視座と言えるでしょう。平成の天皇も「上皇」という近代史上初めて生まれた皇族の地位を獲得した状況下でいかなる言動をとり、それらが表象されていくのか、現段階では未知数な状況ですが、彼らも含めて「皇族」という決して一元的に収束することのできない存在がはらんでしまうものについて、いま一度問いが生まれてくるようにも思います。

この先も天皇(制)については数々の表象が再/生産されていくことが予想されます。メディア状況もきわめて多様化するなかで、精読を続け、問いを立て続けることは、これからの天皇(制)と向き合うことに他ならないのではないでしょうか。

末筆となりますが、本書のもととなった集中講義を提案して下さった東北大学大学院国際文化研究科のオリオン・クラウタウ氏、文章表現のチェックのご苦労をおかけしました横浜国立大学都市科学部の稲本はるか氏、そして何より本書の企画、構成、文章化、出版についてお骨折りいただいた白澤社の坂本信弘氏、お三方に深く感謝する次第です。

二〇一九年五月の狂乱と不安のなかで

茂木謙之介

《著者略歴》

茂木謙之介（もてぎ けんのすけ）

1985年、埼玉県生まれ。2009年東北大学文学部卒業。2011年東北大学大学院文学研究科博士前期二年の課程を修了。2016年東京大学大学院総合文化研究科博士課程を修了。博士（学術）。日本学術振興会特別研究員を経て、2018年より足利大学工学部講師。専攻は日本近代文化史・表象文化論。現在の研究テーマは、地域社会における皇族表象の検討を通した天皇（制）研究、および〈幻想文学〉をキーワードとした日本近代文学・メディア史の研究。著書に『表象としての皇族 メディアにみる地域社会の皇室像』（吉川弘文館、2017）、編著に『怪異とは誰か』（一柳廣孝監修、青弓社、2016）がある。

表象天皇制論講義《ひょうしょうてんのうせいろんこうぎ》——皇族《こうぞく》・地域《ちいき》・メディア

2019年6月28日　第一版第一刷発行

著　者　茂木謙之介

発行者　吉田朋子

発　行　有限会社 白澤社《はくたくしゃ》

〒112-0014　東京都文京区関口1-29-6　松崎ビル2F

電話　03-5155-2615／FAX　03-5155-2616／E-mail：hakutaku@nifty.com

発　売　株式会社 現代書館

〒102-0072　東京都千代田区飯田橋3-2-5

電話　03-3221-1321㈹／FAX　03-3262-5906

装　幀　装丁屋KICHIBE

印刷・製本　モリモト印刷株式会社

用　紙　株式会社市瀬

ISBN978-4-7684-7976-6

白澤社《はくたくしゃ》　刊行図書のご案内

発行・白澤社　発売・現代書館

白澤社

白澤社の本は、全国の主要書店・オンライン書店でお求めになれます。店頭に在庫がない場合でも書店にお申し込みいただければ取り寄せることができます。

日本ナショナリズムの解読

子安宣邦 著

定価2400円＋税
四六判上製、232頁

日本を作る言説と／日本が作る言説と。日本思想史学の第一人者である著者が、本居宣長、福沢諭吉、和辻哲郎、田辺元、橋僕ら、近世から昭和初期にかけての思想を批判的に再検討し、国家と戦争の二〇世紀における帝国日本を導き、支え、造り上げてきた日本ナショナリズム言説を徹底的に解読する。

教育勅語の戦後

長谷川亮一 著

定価3200円円＋税
四六判上製、304頁

戦後失効したはずの「教育勅語」。その普及のため作られた各種「口語訳」にはおかしな点が多い。本書では、近現代史研究者である著者が、戦後普及した各種訳文を比較するとともに、「教育勅語」の成立から戦後まで、受容の変遷をたどり、〝誤訳〟流布の来歴を明らかにする。他に類を見ない「教育勅語」史。

憲法のポリティカ

―哲学者と政治学者の対話

高橋哲哉・岡野八代 著

定価2200円＋税
四六判上製、256頁

民主主義と平和主義の種を潰すような企てに危機感をもち、発言し続けている哲学者と政治学者が、自民党改憲案をはじめ、死刑、天皇制、沖縄問題、マイノリティの権利、人道的介入の是非など憲法をめぐるさまざまな問題の核心に、護憲か改憲かの枠組みを越えて斬り込む。法律論とは異なるアプローチで語りあったロング対談。